Gaudium Ludendi

von Carlos Schramer
illustriert von Detlef Klewer

Herstellung und Verlag: BoD – Books on Demand, Norderstedt
Illustration und Titelbild: Detlef Klewer (www.kritzelkunst.de)
Umschlag- und Rahmengestaltung: Carlos Schramer
Satz und Layout: Carlos Schramer
Lektorat: Marion Schramer
Kontakt: info@gaudiumludendi.de
Internet: www.gaudiumludendi.de

ISBN 978-3-75040-384-0

Bibliografische Information der Deutschen Nationalbibliothek: Die Deutsche Nationalbibliothek verzeichnet diese Publikation in der Deutschen Nationalbibliografie; detaillierte bibliografische Daten sind im Internet über www.dnb.de abrufbar.

Für meine Frau,
die mich als Lektorin tatkräftig unterstützt
und ihre Zeit für mich geopfert hat,

und meinen Sohn,
der trotz seines jungen Alters bereits
Ambitionen als Spieler und Autor zeigt.

***

Weiterer Dank gebührt meinen
langjährigen Rollenspielfreunden,
für unzählige inspirierende Spielsitzungen,

sowie meinem Illustrator,
dem es auf phantastische Weise gelungen ist,
meine Visionen graphisch umzusetzen.

Inhaltsverzeichnis

Vorwort

Willkommen, lieber Leser, bei *Gaudium Ludendi – Das kompakte Rollenspielsystem*.

Kennst du diese Situation: Du liest ein Buch oder siehst einen Film und plötzlich kommst du an einen Punkt, wo du am liebsten in die Geschichte eingreifen würdest? Du möchtest der Hauptfigur einen Tipp geben oder denkst, dass du an seiner Stelle ganz anders gehandelt hättest? Und vielleicht erwacht sogar wieder das Kind in dir, das die Geschichte gerne nachspielen oder, noch besser, ganz eigene Abenteuer in dieser fiktiven Welt erleben möchte?

Vermutlich lautet deine Antwort »ja«, denn andernfalls würdest du dich wohl eher nicht für Rollenspiel interessieren, eine Form von Gesellschaftsspiel, bei welcher all dies möglich wird. Nur mit Bleistift und Papier bewaffnet sowie einigen Würfeln und viel Fantasie, kannst du gemeinsam mit deinen Freunden aufregende Reisen in fremde Welten unternehmen, tapfere Helden und fiese Schurken treffen, Schätze jagen, Rätseln auf die Spur kommen, Intrigen lüften und was euch sonst noch alles einfällt.

Kurz gesagt, ihr erzählt gemeinsam eine spannende Geschichte, wobei ihr nicht nur passive Zuschauer seid, sondern das Geschehen aktiv mitbestimmt.

Und damit dies in für alle Mitspieler nachvollziehbaren, gerechten Bahnen geschieht, stellt Gaudium Ludendi dir die nötigen Spielregeln zur Verfügung. Dabei versteht sich Gaudium Ludendi *nicht* als das allein seligmachende System. Rollenspiele gibt es in-

zwischen wie Sand am Meer, sowohl im kommerziellen Bereich, als auch frei und kostenlos aus dem Internet. Für jeden Geschmack und Spielstil sollte sich also etwas finden lassen.

Warum also ein weiteres? Manchmal haben Rollenspieler ganz eigene Vorstellungen, die von keinem der ihnen bekannten Systeme abgedeckt sind und erst umgesetzt werden können, wenn sie sich ihr eigenes Regelwerk zusammengestellt haben.

Und genau das war auch der Grund für die Entstehung von *Gaudium Ludendi*, einem kompakten Rollenspielsystem, mit leicht zu merkenden Grundregeln, das in beliebigen Genres eingesetzt werden kann, sei es Fantasy, Science-Fiction, Western, Horror, Moderne oder was man sich sonst noch vorstellen kann.

So, und nun genug geplaudert.

Du bist bereits ein alter Hase im Rollenspielgeschäft, der einfach einmal wieder ein neues System ausprobieren möchte? Dann kannst du getrost das folgende Kapitel überspringen, und im übernächsten Kapitel *Drei Arten von Regeln* auf Seite 20 gleich in die Vollen gehen.

Du hast noch keine so rechte Idee, wie das mit diesem Rollenspiel in der Praxis funktionieren soll? Dann lass dich nun in eine neue Welt entführen...

Rollenspiel, was ist das?

Schleichen wir uns doch einmal an das Wohnzimmerfenster dort drüben heran.

Es ist später Nachmittag und durch die Scheibe siehst du einige Freunde, die es sich auf dem Sofa und in Sesseln gemütlich gemacht haben. Sie sitzen um einen Couch-Tisch herum, auf dem die üblichen Verdächtigen wie Chips und Cola stehen. Du erkennst aber auch Würfelbecher, kleine Karteikästchen, Schmierpapier und Stifte. Eine der Personen hat außerdem ein aufgeschlagenes Notizbuch auf dem Schoß.

Das Wetter ist warm, und so steht das Fenster ein Wenig offen. Du gehst näher heran und hörst durch den Spalt, wie die Freunde sich über eine Geschichte unterhalten.

Offenbar heißen sie Jochen, Miriam, Christina, Björn und Ralf. Du vermutest eine Theatergruppe, denn ihren Worten entnimmst du, dass Jochen in der Geschichte die Rolle eines Wandermönchs namens Bruder Ignatius spielt. Miriam verkörpert die Musikantin und Tänzerin Cassandra, Christina eine Händlerstochter namens Mechthild und Björn den Freiherrn Radismund von Wolfsfeld, einen verarmten Kreuzritter.

»Dann wird Ralf, der Mann mit dem Notizbuch, wohl der Regisseur sein«, denkst du dir, denn er erklärt den anderen, die ihn gespannt anblicken, gerade die Handlung.

Ihre Charaktere sind anscheinend in eine Verschwörung der Patrizier verstrickt. Im mittelalterlichen Worms um das Jahr 1397 A.D. führt das Abenteuer die vier des nachts zu einem alten, verlassenen Lagerhaus am Rande der Stadt, in dem sie Beweise für die Unschuld von Mechthilds Vater zu finden hoffen.

Ralf beschreibt seinen Freunden die aktuelle Szene. »Ihr betretet das alte Gebäude durch das von Radismund aufgebrochene Fenster und steht in einem düsteren Raum. Das blasse Mondlicht, das über eure Schulter herein scheint, reicht jedoch aus um zumindest die Ausmaße abschätzen zu können: 4 mal 4 Schritt im Grundriss, 3 Schritt hoch. Nachdem sich eure Augen etwas an die Dunkelheit gewöhnt haben, könnt ihr an der Nordwand ein Schreibpult ausmachen. In der Ostwand befindet sich eine geschlossene Tür, der einzige erkennbare Ausgang. Wie ihr vermutet hattet, befindet sich niemand sonst im Raum.«

So weit, so gut. Doch statt fortzufahren, und seinen Freunden zu erklären, was ihre Figuren nun in diesem Stück tun oder sagen müssen, fragt er lediglich: »Was gedenkt ihr nun zu tun?«

Daraufhin flüstert Björn den anderen in etwas hochnäsigem Tonfall zu: »Wir sollten uns jetzt ganz leise verhalten. Wer weiß, wo der Feind auf uns lauert.«

Jochen blickt zu Ralf. »Ich gehe langsam zum Pult und sehe nach, ob ich irgendwelche Aufzeichnungen finde.«

Miriam holt aus dem Karteikästchen, das vor ihr steht, eine Karte heraus und hält sie Ralf vor die Nase. »In der Zwischenzeit schleiche ich so leise als möglich zur Tür.«

»Ja, die Körperbeherrschung als *›meisterliche Tänzerin‹* sollte dir dabei nützlich sein«, antwortet Ralf. »Würfle bitte, um zu sehen, ob es dir gelingt.«

»Was geht denn jetzt ab?!«, denkst du dir, als Miriam zwei ungewöhnliche Würfel nimmt und würfelt. Die anderen Freunde schauen erwartungsvoll zu.

Ralf betrachtet das Ergebnis und meint dann: »Cassandra bewegt sich flink, aber dennoch völlig lautlos zur Tür, als schwebe sie über dem Boden.«

Zufrieden lächelt Miriam. »Gut, dann lege ich mein Ohr an die Tür und lausche.«

Nun ist es Ralf, der würfelt. Er verdeckt das Ergebnis jedoch mit seinem Würfelbecher, sodass nur er es sehen kann.

»Es ist kein Geräusch hinter der Tür zu vernehmen«, antwortet er schließlich.

Björn flüstert daraufhin zu Christina: »Wir sollten dennoch Vorsicht walten lassen. Seid ihr sicher, edle Mechthild, dass ihr uns wirklich ins Unbekannte folgen wollt?«

Und Christina flüstert mit gespielt genervtem Ton zurück: »Eure Sorge ehrt euch, Radismund, aber wie ich euch bereits gesagt habe: Ich bin kein kleines Kind mehr!«

Mit normaler Stimme wendet sie sich dann an Ralf. »Ich ziehe meinen Dolch unter dem Rock hervor und halte ihn Radismund unter die Nase.«

Dann wieder flüsternd an Björn gewandt: »Ich kann gut auf mich aufpassen. Und nun lasst uns endlich voran schreiten. Mein Vater sitzt schon lange genug im Kerker.«

Ralf richtet nun seine Aufmerksamkeit auf Jochen. »Nachdem du das Pult näher betrachtest«, erklärt er diesem, »erkennst du an der dicken Staubschicht schnell, dass es schon länger nicht mehr benutzt wurde und keine Schriftstücke darauf liegen.«

Auch Jochen zeigt nun Ralf verdeckt eines seiner Karteikärtchen. Da er ganz nah am Fenster sitzt, mit dem Rücken zu dir, erkennst du die Aufschrift: *»sehr ausgeprägtes Gespür für Verborgenes«*

»Bruder Ignatius untersucht das Pult genauer«, sagt er dabei zu Ralf.

Ralf würfelt erneut, überlegt kurz und reicht Jochen dann einen kleinen Zettel. Als dieser ihn liest, siehst auch du was darauf geschrieben steht: *»Geheimfach: alter Schlüssel, 5 Goldstücke«*

Langsam beginnt es dir zu dämmern: Hier wird gar kein vorgegebenes Theaterstück geprobt.

Die Freunde scheinen ein Spiel zu spielen. Eine Art von Cowboy und Indianer, nur ohne herumzurennen.

Und weil Ralf, der sich wohl den Hintergrund zu dieser Geschichte ausgedacht hat, das Spiel leitet, läuft das ganze hier auch etwas koordinierter ab als bei euch Kindern früher.

Trotz aller Freiheit, gibt es wohl irgendwelche Regeln, anhand derer bestimmt wird, wer was tun kann, und welche Konsequenzen dies hat.

»Nicht schlecht«, denkst du dir. »So gibt es keinen Streit mehr. ›Ich erschieß' dich.‹ ›Nein, ich hab dich zuerst erschossen.‹ ›Nein, ich!‹ …«

Du wendest dich wieder Jochen zu, der den Zettel gelesen hat und nun auf einer anderen Karteikarte, die mit »Ausrüstung« beschriftet ist, etwas einträgt. Dann berichtet er der Gruppe mit leiser aber wichtigtuerischer Stimme: »Seht nur meine Schäflein, was der Besitzer dieser Stätte in diesem staubigen Geheimfach vergessen hat: einen alten Schlüssel. Wo der uns wohl Einlass gewähren mag?«

Daraufhin Miriam zu Jochen: »Sehr gut, Bruder. Sonst habt ihr nichts gefunden?«

»Nein. Wir müssen Wohl oder Übel weiter suchen«, antwortet dieser.

Miriam zieht skeptisch die Augenbraue hoch. »Na gut. Vorsichtig öffne ich die Tür. Was sehe ich?«

»Ich ziehe mein Schwert und schaue vorsichtig in den dahinter liegenden Raum«, beeilt sich Björn schnell kundzutun.

Der Spielleiter erklärt den beiden: »Die Tür ist nicht abgesperrt und öffnet sich mit einem leisen Knarren. Dahinter befindet sich ein größerer Raum. Aufgrund der Dunkelheit kannst du nicht mehr erkennen. Scheinbar besitzt er keine Fenster oder diese sind mit Läden verschlossen.«

»Ich schließe zunächst die Tür wieder und entzünde meine Fackel«, sagt Miriam. »Anschließend öffne ich die Tür erneut und leuchte hinein.«

Ralf beschreibt den Spielern, was sie sehen.

»Nach einer Minute brennt die Fackel und mit ihrem Schein gelingt es dir gerade so, die 20 mal 10 Schritt große und 6 Schritt hohe Halle auszuleuchten, wobei ihr zu den Wänden hin nur düstere Schemen erkennen könnt. Offensichtlich handelt es sich um den eigentlichen Lagerraum, der jedoch bis auf einige hölzerne Kisten und Fässer leer geräumt wurde. Der Raum, aus dem ihr gerade kommt, scheint wohl die südwestliche Ecke des Hauses einzunehmen, wodurch sich im Nordwesten ein Bereich ergibt, den ihr von eurer Position aus nicht einsehen könnt. In der Nordwand erkennst du das große, zweiflügelige Tor, durch das wohl normalerweise die Wagen der Händler be- und entladen wurden. Niemand ist zu sehen.«

Während Jochen auf einem Schmierzettel, anhand des Gehörten einen Grundriss des Gebäudes zeichnet, flüstert Björn mit Miriam. »Fräulein Cassandra, wärt ihr wohl so frei, mir die Fackel zu reichen. Ich gehe vor und sehe nach ob es sicher für euch ist.«

»Papperlapapp! Jetzt habt euch mal nicht so! Wir gehen alle hinein«, unterbricht ihn Christina leise. In normaler Lautstärke fügt sie hinzu: »Ich drücke mich an den beiden vorbei und sehe mich in der Halle um.«

»Ich gehe hinterher und leuchte ihr«, erklärt Miriam.

Daraufhin flüstert Jochen schmunzelnd zu Björn: »Nun, als ihr euch auf den Kreuzzügen vergnügt habt, hat sich einiges beim Weibervolk getan. Ich klopfe dir auf die Schulter und sehe mir dann die Kisten an.«

Björn schmunzelt ebenfalls. »Radismund macht einen verdutzten Gesichtsausdruck, geht dann aber schulterzuckend ebenfalls in den Raum.

Ich bleibe aber dennoch wachsam und erkunde zunächst den nicht einsehbaren Teil der Halle.«

Während sich alle an den Chips bedienen, beschreibt Ralf das fiktive Lagerhaus: »Die hier gelagerten Güter machen einen recht vergessenen Eindruck. Überall liegt eine dicke Staubschicht, eines der Fässer ist umgestoßen und sein Inhalt, der wohl vor langer Zeit aus seinem zerschlagenen Deckel geflossen war, ist bereits verdunstet. Auch in dem bisher nicht einsehbaren Teil der Halle befindet sich außer einigen gestapelten Kisten nichts Besonderes. Einige davon sind zerbrochen und ihr fauliger Inhalt, der wohl einst Lebensmittel darstellte, liegt auf dem Boden verstreut. Ansonsten sind keine Schäden oder Verwüstungen am Lagerhaus zu erkennen.«

»Verdammt!«, meint Miriam, »Nichts und niemand hier. Und es gibt auch keinen weiteren Raum, in dem wir unser Glück versuchen könnten. Wir sind wohl der falschen Spur gefolgt.«

Jochen antwortet: »Da magst du wohl recht haben, mein Kind. In dem Gerümpel werden sie die Schriftrollen wohl kaum aufbewahren, aber ich sehe trotzdem einmal nach. Radismund, geht ihr mir flugs zur Hand?«

Björn seufzt. »Wenn es denn sein muss, Bruder. Ich stecke mein Schwert weg und helfe ihm.«

»Ihr verbringt also einige Zeit damit, die übrigen Kisten zu öffnen und deren Inhalt zu durchsuchen«, erklärt Ralf den Spielern. »Außer alten, verdorbenen Lebensmitteln und billigem Hausrat ist aber nichts

zu finden. Eine Kiste ist sogar ganz leer.«

Christina runzelt die Stirn. »Mechthild läuft nachdenklich auf und ab und spielt dabei mit ihrer Halskette. Sehr seltsam. Irgend etwas haben wir übersehen. Es widerstrebt meiner Händlerseele, ein unzerstörtes, noch so gut erhaltenes Lagerhaus bis auf diesen Plunder leer stehen zu lassen. Und den geldgierigen Patriziern wird es nicht anders gehen. Es sei denn, sie wollen hier irgend etwas verbergen, das kein Lagerarbeiter und Kistenschlepper zufällig entdecken soll. Cassandra, deine Truppe hat doch des nachts geheimnisvolle Personen hier herumschleichen sehen?«

»Ja, und einer hat die Halle durch das Haupttor betreten«, antwortet Miriam.

Björns Interesse scheint geweckt. »Dann müsste der Halunke ja Spuren hinterlassen haben, nachdem er eingetreten ist. Ich untersuche mal den Boden vor dem großen Tor in der Nordwand.«

Er zeigt dem Spielleiter verdeckt ein Karteikärtchen. Dieser würfelt und fragt dann: »Soll ich es aufschreiben?«

»Nicht nötig«, antwortet Björn, »ich sag es sowieso.«

Ralf nickt. »Ok, als *›routinierter Jäger‹*, entdeckst du Fußspuren im Staub vor dem Tor. Durch euer Herumlaufen sind sie aber kaum noch zu erkennen. Trotzdem entdeckst du zusätzlich noch eine Schleifspur, die vom Tor zu den leeren Kisten im nordwestlichen Eck führt.«

Erfreut erklärt Björn: »Ich untersuche fachkundig den Staub vor dem Tor. Dann gehe ich grummelnd und einen finsteren Blick auf Mechthild werfend zu der leeren Kiste im nordwestlichen Eck der Halle. Der Spur hier nach zu urteilen, wurde der Inhalt dieser Kiste wohl zur Tür geschleift.«

»Vielleicht war es ja umgekehrt«, spekuliert Miriam. »Vielleicht haben sie ja etwas *herein* geschleppt, um es zusammen mit dem Dokument zu verstecken: nämlich das Opfer.«

Björn blickt sie mit gespielter Hochnäsigkeit an. »Verehrtes Fräulein Cassandra, euren

liebreizenden Augen wird sicherlich nicht entgangen sein, dass sich hier weder das eine noch das andere befindet.«

»Habt ihr denn auch mal unter der Kiste geschaut, Radismund? Vielleicht gibt es da eine Falltür«, antwortet Miriam provokativ.

»Beim Kreuze unseres Herrn, Jesus Christus!«, stößt Jochen hervor. »Ein gescheites Mädchen. Der Versuch kann nicht schaden.«

Björn: »Ich schiebe mal die Kiste bei Seite.«

Christina: »Ich trete neugierig hinzu.«

Miriam: »Ich ebenfalls.«

»Die Kiste ist wohl irgendwie am Boden befestigt, denn sie lässt sich nicht verschieben«, erklärt Ralf.

Jochen zeigt Ralf verdeckt ein Karteikärtchen, unter Anderem mit der Aufschrift *»sehr gutes Gespür für Verborgenes«*. »Lasst mich mal sehen!«

Ralf würfelt und sieht im Notizbuch nach. »Du untersuchst die Kiste genauer, während die anderen dir neugierig über die Schulter blicken. Im Inneren, am Boden der Kiste, entdeckst du ein kleines, unscheinbares Schlüsselloch.«

»Gepriesen sei der Allmächtige!«, ruft Jochen.

Und Christina fügt hinzu: »Na also, da habt ihr ja endlich ein Schloss für euer altes Schlüsselchen, Bruder.«

Jochen wendet sich erneut an Ralf. »Ich probiere den Schlüssel gleich mal aus.«

»Er passt und ihr hört ein leises Klicken als du ihn herum drehst«, antwortet dieser.

Nun wendet sich Björn an Ralf. »Ich versuche, die Kiste anzuheben.«

»Die gesamte Kiste lässt sich wie der Deckel einer Falltür zur Seite klappen«, erklärt dieser, »und gibt euch den Blick auf eine schmale Treppe frei, die hinab in die Finsternis führt.«

Björn reibt sich die Hände. »Jetzt wird die Sache langsam interessant. Wie damals als wir in das Versteck der Sarazenen eindrangen. Ich ziehe mein Schwert, dann steige ich langsam die Treppe hinunter.«

»He da! Wartet Kreuzfahrer!«, ruft Miriam. »Wir kommen natürlich mit.«

Irgendwie hast nun auch du Blut geleckt. Du bist tatsächlich neugierig, welche Überraschungen sich Ralf für die Charaktere im finsteren Keller ausgedacht hat, und wie die Geschichte ausgehen wird.

Und obwohl du bisher nur einen kleinen Ausschnitt eines offenbar viel längeren Abenteuers beobachtet hast, erahnst du die unbegrenzten Möglichkeiten, die in dieser Art von Spiel stecken.

Wie bei den meisten Gesellschaftsspielen nimmt natürlich auch hier die soziale Komponente einen wichtigen Platz ein, die Interaktion zwischen allen Beteiligten, das gemeinsame Erzählen und Erleben einer spannenden, abenteuerlichen Geschichte.

Zwischendurch bleibt immer wieder Zeit, um auf die individuellen Eigenarten der Charaktere einzugehen. Diese sind es schließlich, welche aus anonymen und austauschbaren Spielfiguren, schillernde Persönlichkeiten machen, so wie du sie in guten Romanen und Filmen liebst. Kleine Sticheleien unter Freunden und Geheimnisse gehören hier ebenso dazu, wie besondere, immer wiederkehrende Sprech- und Verhaltensweisen.

Und das tollste: Die Spieler arbeiten nicht gegeneinander, wobei jeder versucht zu gewinnen, sondern sie müssen gemeinsam die Aufgaben bewältigen, die ihnen der Spielleiter auf ihrem Weg durch die Geschichte stellt.

Um hierbei die Erfolge der Spieler und die Entscheidungen des Spielleiters nicht rein willkürlich festlegen zu müssen, sondern sie nachvollziehbar und stringent zu gestalten und niemanden zu benachteiligen, benötigt man klare Spielregeln, welche auch die verschiedenen Fähigkeiten der Charaktere berücksichtigen. Und genau solche Regeln findest du in diesem Buch.

Also zieh dich nun von deinem Platz unter dem Fenster deiner Nachbarn zurück und lerne das Regelsystem in den folgenden Kapiteln genauer kennen. Dann wirst auch du bald in der Lage sein, solche fantastischen Abenteuer zu erleben…

Drei Arten von Regeln

Gaudium Ludendi unterscheidet drei Arten von Regeln unterschiedlicher Komplexität, denen jeweils ein eigenes Kapitel gewidmet ist.

Welche der Regeln du und deine Freunde verwenden, liegt ganz bei euch, ihr müsst euch nur vor dem Abenteuer darauf einigen.

Oftmals kann es sinnvoll sein, zuerst mit den Grundregeln zu beginnen, und dann von Spielsitzung zu Spielsitzung immer mehr Regeln hinzuzunehmen.

Darüber hinaus gilt auch hier die goldene Regel jedes Rollenspiels: es gibt keine richtige oder falsche Art zu spielen. Du und deine Gruppe, ihr seid die Spieler, also spielt das Spiel nach eurem Geschmack. Wenn euch irgendwelche Regeln stören, lasst sie einfach weg, oder ersetzt sie durch eigene. Wichtig ist nur, dass ihr innerhalb eurer Spielgruppe einen gewissen Konsens findet, und gemeinsam Spaß habt.

Und dies soll auch der Name dieses Rollenspielsystems ausdrücken, »Gaudium Ludendi«, der lateinische Ausdruck für »die Freude am Spielen«.

Grundregeln: einsteigerfreundliche Regeln für schnelles Spielen zwischendurch, evtl. mit Kindern

Erweiterungsregeln: optionale Regeln, um das Spiel detailreicher zu gestalten

Hard-Core-Regeln: optionale Regeln für Freaks, die Wert auf komplexe Simulationen legen

Grundregeln

Die Helden...

Jeder **Spieler** verkörpert in einer *Gaudium Ludendi* Rollenspielsitzung die Rolle einer der Hauptfiguren oder auch **Spieler-Charaktere (SC)**, um welche sich die Geschichte drehen wird.

Als Spieler darfst du deinen Charakter nach deinen Vorstellungen gestalten und versuchen, seine Persönlichkeit auf erzählerische Weise so lebendig wie möglich darzustellen. Du entscheidest, was deine Figur während des Abenteuers tut, und der Spielleiter entscheidet dann, unter Berücksichtigung der Regeln, welchen Einfluss dies auf den weiteren Verlauf der Handlung hat.

Alle übrigen Figuren, denen die Spieler-Charaktere während ihres Abenteuers begegnen, werden durch den **Spielleiter** verkörpert, weswegen sie auch als **Nicht-Spieler-Charaktere (NSC)** bezeichnet werden.

Hast du die Rolle des Spielleiters übernommen, so gehört es zu deinen Aufgaben, dir diese Personen auszudenken, ihre wahren Absichten festzulegen, ihre Pläne, ihre Fähigkeiten und die Rolle, welche sie in der Geschichte spielen. Anhand dieser Informationen entscheidest du dann während des Spiels, wie sie auf das Verhalten der Spieler-Charaktere reagieren und wie sich ihre Pläne, bzw. sie sich selbst im Laufe der Zeit verändern.

...ihre Merkmale...

Jeder Charakter wird durch verschiedene **Merkmale (MM)** bestimmt.

Manche Merkmale sind einfach nur Beschreibungen, um sich eine Vorstellung vom Charakter machen zu können, andere wiederum sind mit gewissen Regelmechanismen verbunden, die während des eigentlichen Spiels zum tragen kommen.

Welche Arten von Merkmalen dies genau sind und wie sie in *Gaudium Ludendi* verwendet werden, erfährst du in den nächsten Abschnitten.

Du kannst alle Merkmale auf handlichen Karteikarten festhalten, damit du sie während des Spiels immer griffbereit hast und bei Bedarf dem Spielleiter bequem über den Tisch reichen kannst.

Vordrucke zum Kopieren, für den privaten Gebrauch, findest du am Ende dieses Buches (siehe Kapitel *Vordrucke* auf Seite 194) oder zum Herunterladen auf *www.gaudiumludendi.de*.

Letztere sind als bequemes PDF-Formular gestaltet. Du kannst es am Computer ausfüllen, ausdrucken und die einzelnen Karteikarten ausschneiden.

...und ihre Rolle

Jeder Charakter wird in *Gaudium Ludendi* durch seine **Rolle (RO)** beschrieben. Diese fasst in kurzen, prägnanten Stichwörtern all jene Merkmale zusammen, welche die Figur zu genau der Person machen, die sie eben ist, d. h. ihre Fähigkeiten definieren und ihre Handlungsweise prägen.

Im Prinzip kannst du dir dies wie die Rollenbeschreibungen vorstellen, die oftmals in der Einleitung von Theatermanuskripten aufgelistet werden, um in wenigen Worten die auftretenden Personen des Stücks vorzustellen, die *dramatis personae*.

Hier sind ein paar Beispiele aus *Minna von Barnhelm*, einem Lustspiel von Gotthold Ephraim Lessing: *»MAJOR VON TELLHEIM, ein verabschiedeter Offizier«*, *»JUST, Bedienter des Majors«*, *»PAUL WERNER, gewesener Wachtmeister des Majors«*

Aber auch mit den Charakterklassen, wie du sie vielleicht aus anderen Rollenspielsystemen kennst, hat die Rolle eine gewisse Ähnlichkeit, z. B. »*Krieger*«, »*Magier*« oder »*Dieb*«.

Zwar sind diese Beschreibungen nicht sehr ausführlich, aber sie vermitteln zumindest eine erste Vorstellung davon, was von diesem Charakter zu erwarten ist.

Die Rolle eines Charakters in *Gaudium Ludendi* leistet dies ebenfalls, sie enthält allerdings mehr Details. Es müssen mindestens folgende Informationen enthalten sein:

Kultur/Spezies (K/S): Alter, Spezies, Geschlecht, Kultur, Schulbildung, sozialer Stand, Gegend der Herkunft (bei Tieren eher der Lebensraum)

Hauptbeschäftigung (HB): genau ein Beruf oder eine Lebensweise, um sich sein täglich Brot zu verdienen

Nebenbeschäftigung (NB): mehrere Hobbys, Nebenjobs oder sonstige Interessen

Diese **Wissensgebiete (WG)** sind für die Regelmechanismen von *Gaudium Ludendi* relevant, denn sie beschreiben, womit sich der Charakter beschäftigt und in welchen Bereichen des Lebens er sich auskennt.

Im *Beispiele: Merkmale* auf Seite 150 stellt dieses Buch eine Liste von Beispielen für Wissensgebiete vor, wie sie in den verschiedensten Abenteuern vorkommen können. Von dieser kannst du dich inspirieren lassen oder sie direkt verwenden, wie sie ist.

Ein Wissensgebiet definiert dabei die gesamte Menge an Wissen, Erfahrung und Fähigkeiten, die dein Charakter aufgrund dieses einen Lebensbereichs besitzt. Welche das genau sind, legst du zusammen mit dem Spielleiter fest.

Dabei kann es durchaus zu Überschneidungen zwischen verschiedenen Wissensgebieten kommen. Das heißt, bestimmte Fähigkeiten erhält dein Charakter vielleicht nur aufgrund eines bestimmten Wissensgebietes, andere wiederum sind gleichzeitig durch mehrere solcher Merkmale ab-

gedeckt. Und umgekehrt kann ein und dieselbe Fähigkeit bei unterschiedlichen Charakteren in unterschiedlichen Wissensgebieten enthalten sein kann.

Beispiel: *Meister Gandrick besitzt in seiner Rolle die Hauptbeschäftigung »Schuster« und hat dadurch natürlich Kenntnisse über die Herstellung von Schuhwerk.*

Dies beinhaltet z. B. das Wissen wie die Einzelteile für die verschiedenen Schuhformen zugeschnitten werden müssen, wie man die Füße ausmessen muss, welche Preise man dafür verlangen kann, welche Modelle bald modern sein werden, usw. Darüber hinaus versteht er natürlich auch etwas vom Einkauf, der Verarbeitung von Leder und vom allgemeinen Gildenwesen in der Stadt.

In Letzteren steht ihm sein Nachbar Tornhold in nichts nach, denn dieser geht der Hauptbeschäftigung »Sattler« nach. Auch er ist Mitglied einer Gilde und kauft und verarbeitet die selben Rohstoffe für seine Waren. Doch anstelle von Kenntnissen über menschliche Füße benötigt er Kenntnisse über die Anatomie von Pferden und Arbeitstieren…

Und selbst wenn es sich inhaltlich um das gleiche Wissensgebiet handelt, willst du es für verschiedene Charaktere vielleicht sogar mit unterschiedlichen Stichwörtern beschreiben, um das Konzept, das hinter dieser Rolle steckt, besser hervorzuheben.

Statt also z. B. allen Charakteren in der Gruppe die Hauptbeschäftigung *»Einbrecher«* zu geben, könnte einer ein *»Fassadenkletterer«*, ein anderer ein *»Tresorknacker«*, und wieder ein anderer ein *»Brecheisenschwinger«* sein.

Darüber hinaus kannst du die Stichwörter noch zusätzlich mit Adjektiven ausschmücken, um die wichtigen Aspekte der Persönlichkeit, und damit der Verhaltensweise, deines Charakters deutlich zu machen.

Einzelne Aspekte, welche für das Spiel nicht relevant sind, kannst du nach Abstimmung mit dem Spielleiter auch weglassen. So wäre es z. B. unsinnig, darauf hinzuweisen, dass der Charakter von der Spezies *»Mensch«* ist, wenn sowieso alle oder zumindest die meisten Personen im Abenteuer Menschen sind.

Auch kannst du oft das Geschlecht des Charakters in der Spezies- oder Berufsbezeichnung verpacken, anstelle es extra aufzuführen, also *»Bäckerin«* anstelle von *»weiblicher Bäcker«* oder *»Zwergin«* anstelle von *»weiblicher Zwerg«*.

Menschen (Jahre)	Merkmale			Tiere	Merkmale		
Greis (71–∞)	1 K/S	1 HB	3 NB	Altes Tier	1 K/S	1 HB	1 NB
Ältere Person (51–70)	1 K/S	1 HB	2 NB	Tier	1 K/S	1 HB	–
Mittleres Alter (31–50)	1 K/S	1 HB	2 NB	Jungtier	1 K/S	1 HB	–
Erwachsener (18–30)	1 K/S	1 HB	2 NB	Tierkind	1 K/S	–	–
Jugendlicher (13–17)	1 K/S	1 HB	2 NB	Tierbaby	1 K/S	–	–
Kind (8–12)	1 K/S	–	2 NB				
Kleinkind (3–7)	1 K/S	–	1 NB				
Baby (0–2)	1 K/S	–	–				

Tabelle 1: *Alterskategorien*

Das macht die Rolle übersichtlicher und leichter zu lesen.

Was das Alter des Charakters anbelangt, so kann man natürlich die exakten Jahre angeben. Für das Rollenspiel reichen aber meistens ein paar grobe Kategorien aus. Schließlich macht es bei der Beurteilung von Fähigkeiten und Verhaltensweise keinen großen Unterschied, ob der Mensch nun 21 oder 22 Jahre alt ist. Befinden sich beide aber in verschiedenen Lebensabschnitten, so ist der Unterschied viel offensichtlicher, z. B. bei einem junger Burschen und einem alten Greis.

Die Kategorien, die bei *Gaudium Ludendi* verwendet werden, sind in Tabelle 1: *Alterskategorien* aufgelistet. Sie bestimmen, welche der oben aufgeführten Merkmale (Kultur/Spezies, Hauptbeschäftigung, Nebenbeschäftigungen) dein Charakter in diesem Alter besitzen darf.

Wenn du dir schließlich über die gesamte Rolle deines Charakters im Klaren bist, notierst du sie auf dem dafür vorgesehenen Karteikärtchen. Die Stichwörter, welche seine verschiedenen Wissensgebiete beschreiben, markierst du dadurch, dass du die Abkürzung des jeweiligen Typs in Klammern dahinter setzt.

Rolle
Gaudium Ludendi
Das kompakte Rollenspielsystem
Name Captain Turon Vent
Rolle Der berüchtigte Weltraumpirat (HB), besessene Glücksspieler (NB) und verführerische Casanova (NB) mittleren Alters aus den Mars-Kolonien (K/S)
© Carlos Schramer

Oben rechts auf der Karte kannst du ankreuzen, ob der Charakter nach den Grundregeln, den Erweiterungsregeln oder den Hard-Core-Regeln erstellt wurde.

Beispiel: *Als sich die Tür zur Druckschleuse öffnet, und der ausströmende Dampf sich langsam verzieht, blicken die Spieler-Charaktere in die Läufe eines halben Dutzend Laserpistolen. Ihr Widersacher und seine Crew erwarten sie bereits: »Captain Turon Vent, der berüchtigte Weltraumpirat (HB), besessene*

Glücksspieler (NB) und verführerische Casanova (NB) mittleren Alters aus den Mars-Kolonien (K/S)«

Während der letzten Tage hatten sie vieles über ihn herausgefunden. Der stattliche Mann wurde vor 41 Jahren in den Mars-Kolonien geboren und verdient sich seinen Lebensunterhalt durch raffiniert geplante Überfälle in der ganzen Galaxie. Seine privaten Leidenschaften, das Glücksspiel und schöne Frauen, haben ihn nun nach »Étoile Rouge« geführt, der Vergnügungsraumstation des Gangster-Bosses Marquis. Dorthin haben die Spieler-Charaktere ihn verfolgt und sind ihm nun geradewegs in die Falle gelaufen…

Beispiel: *Der Mond scheint hell über dem kristallklaren See auf der einsamen Waldlichtung. Friedlich liegt das Zirpen der Grillen in der warmen, mediterranen Luft. Dann zerreißt ein greller Ton die romantische Stille.*

»Aphidas, ein jugendlicher Zentaur (K/S), heißsporniger Krieger (HB), Jäger (NB) und wilder Lautenspieler (NB) von der antiken Peloponnes (K/S)« sitzt am Ufer und stimmt ein lautes, ziemlich primitives Trinklied an.

Mit seinen 16 Lenzen ist er noch wilder und heißsporniger, als die griechischen Zentauren sowieso schon sind. Wie viele seiner Kultur, wurde er zum Krieger ausgebildet, und frönt in seiner Freizeit der Jagd. Seine Mutter brachte ihm außerdem das Lautespielen bei, da er, wie viele Jugendliche Musik liebt, nur eben auf die rebellische Art und Weise…

Beispiel: *»Ein altes Hyänen-Weibchen (K/S), Aasfresserin (HB) und Jägerin (NB) aus der Steppe Afrikas (K/S)« kauert hinter einem großen Stein, leckt seine Wunden und kocht vor Wut.*

Nun waren die haarlosen Zweibeiner zu weit gegangen. Nicht nur, dass sie in ihren Lebensraum eingedrungen waren, ihre Heimat, in der sie aufgewachsen war und sich auskannte, jetzt hatten sie auch noch ihr Rudel angegriffen. Die Hyänen bestreiten ihr Leben hauptsächlich als Aasfresser. Die älteren Tiere hatten zwar lange genug gelebt, um sich zusätzlich auch noch rudimentäre Fähigkeiten als Jäger anzueignen, aber sie waren nie eine Bedrohung für die Zweibeiner gewesen. Das würde sich morgen ändern…

Beispiel: *Als die Spieler-Charaktere den Hauptraum der Disco betreten, scheint sie der mächtige Bass des Techno-Beats unmittelbar wieder hinaus katapultieren zu wollen. Ihr Blick schweift über die Tanzfläche und bleibt dann an den großen Boxen hängen, die am Rande stehen. Die hübsche, junge Frau, die auf einem der Lautsprecher tanzt, muss das fehlende Gruppenmitglied sein, welches ihr Kontaktmann ihnen beschrieben hatte:*

»Marie-Claire, eine heimliche Fassadenkletterin (HB), hübsche Disco-Queen (NB) und Kunstkennerin (NB) aus der gebildeten Pariser Oberschicht (K/S)«

Wenn man sie so ihrem Hobby nachgehen sah, mochte man gar nicht glauben, dass sie Hauptberuflich Einbrecherin war, und sich außerdem auch noch mit der klassischen und modernen Kunst auskannte, wenn auch nur in begrenztem Rahmen. Sie würde das Team für den geplanten Coup perfekt ergänzen…

Nicht jeder ist gleich

Nicht alle Menschen sind gleich. Das gilt natürlich auch für die Charaktere. Sind sie außerdem noch von unterschiedlicher Spezies, mit abweichenden körperlichen und geistigen Eigenschaften, so muss dies ebenfalls berücksichtigt werden.

Deshalb darfst du für deinen Helden sogenannte **Besonderheiten (BS)** festlegen, aufgrund derer er sich von einem gewöhnlichen Menschen unterscheidet, und die seine Handlungsmöglichkeiten erweitern oder einschränken.

Hierbei musst du jedoch für jede Besonderheit, die für ihn von Vorteil ist, zum Ausgleich auch eine hinzufügen, welche ihm Nachteile einbringt.

Die wichtigsten Besonderheiten kannst du als Adjektive in die Beschreibung der Rolle aufnehmen. Für solche, die sich aus der Spezies ergeben, reicht es in der Regel aus, dass die Spezies an sich erwähnt wird. Besonderheiten allerdings, die sich auf Grund der individuellen Veranlagung oder dem bisherigen Lebensweg des Charakters ergeben, können auch explizit erwähnt werden, z. B. *»blinder Flötenspieler«* oder *»starker Polizist«*.

Hierbei markierst du die entsprechenden Wörter in der Rolle durch die Abkürzung für Besonderheiten »BS«, die du in runden Klammern dahinter setzt. So kannst du sie leichter von den anderen, ausschmückenden Stichwörtern unterscheiden, welche lediglich die Wesenzüge deines Helden beschreiben, um ihn individueller zu gestalten ohne ihm aber direkte Vor- oder Nachteile zu bieten.

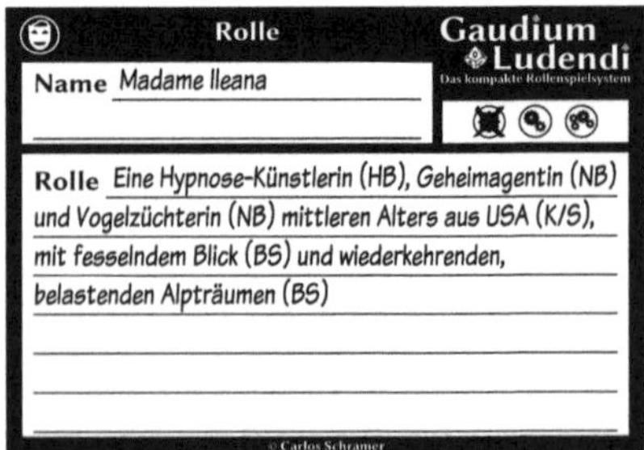

Im *Beispiele: Merkmale* auf Seite 150 stellt dieses Buch eine Liste von Beispielen für Besonderheiten vor, wie sie in den verschiedensten Abenteuern vorkommen können. Von dieser kannst du dich inspirieren lassen oder sie direkt verwenden, wie sie ist.

Beispiel: *Die Lichter im Zuschauerraum des kleinen Nachtclubs in Las Vegas gehen aus. Ein einzelner Spot geht an und setzt die imposante Gestalt auf der Bühne gekonnt in Szene: »Madame Ileana, eine Hypnose-Künstlerin (HB), Geheimagentin (NB) und Vogelzüchterin (NB) mittleren Alters aus den USA (K/S), mit fesselndem Blick (BS) und wiederkehrenden, belastenden Alpträumen (BS)«*

Mit ihrer Hypnose-Show, und dem schwarzen Raben auf ihrer Schulter, ist die Zigeunerin der Star des Abends.

Die Besonderheit »fesselnder Blick« verbessert ihre Erfolgschance erheblich, andere Menschen durch Hypnose zu manipulieren. Sie alle werden zu ihren willenlosen Marionetten und gehorchen all ihren Befehlen, und das nicht nur auf der Bühne…

Der letzte Schliff

Nachdem du dir zusammen mit dem Spielleiter über die Rolle deines Charakters klar geworden bist, solltest du dir Gedanken über weitere Details und den Hintergrund deines Charakters machen.

Im Gegensatz zur Rolle haben diese zwar keinen direkten Einfluss auf die Spielregeln, sondern sind lediglich von beschreibender Art, sie sind aber eine gute Hilfe, um die Person, die hinter dem Charakter steckt, glaubwürdig darzustellen.

Viele Rollenspieler bevorzugen es daher, eine kleine Hintergrundgeschichte zu ihrem Charakter zu schreiben. So weit musst du sicherlich nicht immer gehen, aber du solltest dir bei der Erschaffung deines Helden zumindest zu den folgenden Merkmalen ein paar Gedanken und Notizen machen, um dem Charakter den letzten Schliff zu geben:

Persönliches: Spitzname, Titel, Vorname, Familienname, Größe, Gewicht, Erscheinung (Aussehen, Auftreten), Persönlichkeit (Verhaltensweise, psychische Eigenarten, Lebenseinstellung)

Ausrüstung: Kleidung, Geld, Ausweise, Proviant, Waffen, Rüstungen, Werkzeuge, …

Sonstiger Besitz: Konten, Immobilien, Ländereien, Wertpapiere, Firmen, Fahrzeuge, …

Hintergrund: Religion, Ziele, Lebenslauf, Familie, Freunde, …

All diese Informationen hältst du anschließend auf den entsprechenden Karteikärtchen fest.

Wenn du dir als Spielleiter Nicht-Spieler-Charaktere für dein Abenteuer ausdenkst, kannst du natürlich genauso vorgehen, wie bei der Erstellung der Helden.

Persönliche Daten — Gaudium Ludendi, Das kompakte Rollenspielsystem

43 Jahre

Spezies Gewöhnliche Menschen

Kultur USA

170 cm

75 kg

Erscheinung Elegantes, geheimnisvolles Auftreten, etwas mollig, dunkler Teint, lange, lockige, schwarze Haare, hypnotischer Blick, mächtiges Dekolleté, stark geschminkt

Persönlichkeit Selbstbewusst, manchmal etwas einschüchternd, loyal dem FBI und der Familie gegenüber, liebt Vögel, nach jedem Alptaum etwas neben der Spur

Mitgeführte Ausrüstung — Gaudium Ludendi, Das kompakte Rollenspielsystem

Geld 200 $

Schwarze Unterwäsche, schwarzer, knöchellanger Rock, rote Seidenbluse mit Carmen-Ausschnitt, schwarze Spitzenstola, rote Pumps, große, goldene Creolen, goldene Armbanduhr, schwarze Handtasche mit Ausweis, Geldbeutel, Kreditkarten, Handy, Schminkzeug, Taschentüchern, Tarot-Karten, Kugelschreiber, Nagelfeile, Kopfschmerztabletten und Kompakt-Pistole (12 Schuss, 9mm), schwarzer Rabe auf der Schulter

Sonstiger Besitz — Gaudium Ludendi, Das kompakte Rollenspielsystem

Geld 10000 $ auf Konto

Gut eingerichtetes Einfamilienhaus am Rande von Las Vegas, ein mystisch eingerichtetes Zimmer für Sitzungen mit Kunden, Voliere mit zwei Raben, Laptop, Home Entertainment System, Safe mit 100 Schuss 9mm Munition und Dienstmarke, diverse Auftrittskleidung, diverse Abendgarderobe, diverse Privatkleidung, diverser teuerer aber auch kitschiger Schmuck, schwarze Limousine mit 40000 Meilen auf dem Tacho

Hintergrund — Gaudium Ludendi, Das kompakte Rollenspielsystem

(Beruf, Lebensweise, Lebenslauf, Ziele, Religion, Familie, Freunde)

Geboren als Ileana Negrescu am 31.10.1974 in Albany (New York), Enkelin rumänisch-orthodoxer Einwanderer, trat als Hypnose-Künstlerin in elterlicher Schaustellertruppe auf, regelmäßige Alpträume über den Tod, wegen verdrängtem Ereignis in der Kindheit, seit 1999 sesshaft in Las Vegas, eigene Show im Casino, begann Rabenzucht, wegen starker Hypnosefähigkeit vom FBI angeworben, Ziel: das organisierte Verbrechen auskundschaften und zerschlagen

Bei weniger wichtigen Figuren, kannst du dir dabei aber oft die Mühe sparen, alle oben beschriebenen Karteikärtchen auszufüllen. Hier reichen meist die Karte mit der Rolle und die folgende Karte, welche die wichtigsten Informationen zusammenfasst, die man üblicherweise über die Figur wissen muss.

Beschreibung — **Gaudium Ludendi** Das kompakte Rollenspielsystem

Ziele Leben in Luxus führen, »Étoile Rouge« übernehmen, vorherrschende Piratenflotte des Sektors befehligen

180 **cm**
100 **kg**

Erscheinung Muskulös, bleich, schwarze Dreadlocks, Vollbart, Herz-Ass-Tatoo auf Rücken, schwarzer Raumanzug, Blaster, Würfel-Halskette, Spielkarten, 150 Credits

Persönlichkeit Brutal, raffiniert, lüstern, geldgierig, loyal gegenüber seiner Crew, charmant gegenüber Frauen, gnadenlos gegenüber seinen Feinden

Was in diesen wenigen Zeilen keinen Platz findet ist in der Regel zu viel Information, um sie während des Spiels schnell wiederzufinden und zu verarbeiten, ohne den Spielfluss zu unterbrechen.

Der Plan...

Einen Großteil der Zeit während des Spiels verbringen die Charaktere damit, sich untereinander oder mit Nicht-Spieler-Figuren zu unterhalten. Hierfür bedarf es keiner speziellen Spielregeln. Du und deine Mitspieler, ihr sprecht euch einfach direkt an, so wie es auch eure Helden tun würden. Ihr schlüpft in die Rolle eures Alter Egos (deshalb ja auch »Rollenspiel«) und führt Verhandlungen, schmiedet Pläne, tauscht Informationen mit euren Verbündeten aus oder versucht eure Gegner von deren Plänen abzubringen. Die anderen Figuren im Spiel reagieren darauf. Wie, entscheidet der jeweilige Spieler für seine Figur, und für die Nicht-Spieler-Charaktere der Spielleiter. So wird die Handlung des Spiels vorangetrieben.

Eine gute Geschichte besteht aber nicht nur aus endlosen Diskussionen, sondern bietet auch Action und Abenteuer. Die Helden springen über tiefe Schluchten, jagen gefährliche Bestien, fliegen mit ihrem Raumschiff durch lebensgefährliche Asteroidenfelder oder wirken mächtige Zauber. Dies alles am Wohnzimmertisch nachzustellen ist natürlich nicht möglich, teilweise auch fatal für Mobiliar und Gesundheit.

In vielen solchen Fällen hilft der gesunde Menschenverstand: Will deine Heldin beispielsweise in die Boutique um die Ecke gehen und sich ein elegantes Abendkleid für den Ball des Botschafters kaufen, so sollte dies kein Problem darstellen (vorausgesetzt es gibt eine Boutique und deine Figur besitzt genug Geld). Ist sie dann aber auf dem Ball angelangt und will dort dem französischen Botschafter heimlich eine Mini-Wanze ins Jackett stecken, um seine vertraulichen Gespräche mit dem Multimillionär und Waffenschieber Lacroix abzuhören, dann ist das schon eine ganz andere Sache. Wird es gelingen oder wird der Botschafter deine Heldin am Ende ertappen?

Immer wenn dein Charakter etwas tun will, das Einfluss auf den weiteren Verlauf des Abenteuers hat, so wird mit folgendem Regelmechanismus ermittelt, welche konkreten Konsequenzen sich aus dieser **Aktion (AK)** ergeben:

- ✔ Der Spielleiter ermittelt die **Erfolgschance (EC)** für das Gelingen der Aktion als Prozentzahl (siehe Abschnitt *...die Chancen...* auf dieser Seite).
- ✔ Der Spieler oder der Spielleiter verwenden diese Prozentzahl um mit Hilfe eines Würfelwurfes, dem **Erfolgswurf (EW)**, zu bestimmen, ob die Aktion erfolgreich war oder nicht (siehe Abschnitt *...und was daraus wird* auf Seite 37).
- ✔ Der Spielleiter überlegt sich, welche Auswirkungen dieses Resultat auf den weiteren Verlauf der Handlung hat, und beschreibt es den Spielern.

...die Chancen...

Wie hoch die **Erfolgschance (EC)** ist, hängt in den Grundregeln von der Rolle deines Charakters ab, sowie von den äußeren Umständen. Dies wird in Tabelle 2: *Erfolgschancen* zusammengefasst.

Umstand	EC
Aktion nicht möglich (Baby/Tierbaby, keine Erfahrung, Werkzeug fehlt, Spezies/Besonderheit stört, …)	0%[1]
Tätigkeit Teil einer NB	50%[1]
Tätigkeit Teil der HB	
- Jugendl. Personen, Jungtiere	50%[1]
- Alte Personen, alte Tiere	50%[1]
- Sonstige Charaktere	100%[1]
Tätigkeit Teil von K/S	
- (Klein-)Kinder, Tierkinder	50%[1]
- Alte Personen, alte Tiere	50%[1]
- Sonstige Charaktere	100%[1]
Aktion deutlich schwieriger (improvisiertes Werkzeug, Spezies/Besonderheit stört, …)	−50%[2]
Aktion typisch	±0%[2]
Aktion deutlich einfacher (magisches Werkzeug, Spezies/Besonderheit hilft, …)	+50%[2]

1) Eine passende EC auswählen
2) Zur gewählten EC addieren

Tabelle 2: *Erfolgschancen*

Dazu überlegst du dir zunächst, ob der Charakter überhaupt in der Lage ist, die Aktion auszuführen: Wenn es sich bei dem Charakter um ein Baby handelt, er noch keine Erfahrung auf dem Gebiet hat, ihm das nötige Werkzeug fehlt oder er bestimmte Besonderheiten besitzt, welche ihm die Durchführung unmöglich machen, liegt die Erfolgschance bei 0%.

In allen anderen Fällen, hängt die Erfolgschance davon ab, wie ausgeprägt die Kenntnisse und Fähigkeiten im entsprechenden Wissensgebiet sind. Hier müssen Alter und Spezies berücksichtigt werden, sowie ob es sich um eine Haupt- oder nur eine Nebenbeschäftigung handelt.

Da es in den Grundregeln nur drei verschiedene Werte gibt, wirst du schnell ein Gefühl dafür bekommen, welche Chance die richtige ist.

Diese grundlegende Erfolgschance kannst du dann noch der konkreten Situation anpassen. Ist sie deutlich einfacher als üblicher, addierst du 50%, ist sie deutlich schwieriger, verringerst du sie um 50%.

Beispiel: *Das Nashorn Nasi Goreng ist der mächtige Boss der chinesischen Unterwelt von Cartoon-City. Während des Abenteuers ist seinen Leuten ein interessanter Fang gelungen:*

»Two-Spoons, ein kleiner Cartoon-Hase, Zauberer des Kochlöffels (HB), fanatischer Kräuter-Öko (NB) und irrer Parcour-Läufer (NB) aus Toon-Nesien (K/S)«

Nasi ist süchtig nach gebratenem Reis mit Hühnchen, und Two-Spoons weiß dies. Mit seinen Kochkünsten will er deshalb versuchen, die Gunst des mächtigen Nashorns zu gewinnen, um wieder frei zu kommen.

Zeit für einen Erfolgswurf. Da der Hase seine Hauptbeschäftigung einsetzt, um das leckere Essen zu kochen, und da er weder sehr jung, noch sehr alt ist, liest der Spielleiter aus Tabelle 2: Erfolgschancen *eine grundlegende Erfolgschance von 100% ab. Da der Unterweltboss jedoch sehr anspruchsvoll ist, und es hier um die Wurst geht – oder besser um das Hühnchen – legt er fest, dass die Aktion schwieriger ist als gewöhnlich, was laut der Tabelle einen Malus von –50% bedeutet. Insgesamt liegt die Erfolgschance für den Erfolgswurf damit bei 50%…*

…und was daraus wird

Steht die Erfolgschance fest, wird das Ergebnis der Aktion mit Hilfe eines **Erfolgswurfes (EW)** bestimmt.

Hierzu wirfst du zwei unterschiedlich markierte, **zehnseitige Würfel (W10)**. Zusammen werden sie auch als **hundertseitiger Würfel (W100)** oder **Prozentwürfel (W%)** bezeichnet.

Diese Würfel sind mit den Zahlen 0 bis 9 beschriftet. Der eine repräsentiert die Zehnerstelle einer zweistelligen Zahl, der andere die Einerstelle. Welcher Würfel welche Stelle darstellt, musst du vor dem Wurf festgelegt. Auf diese Weise entstehen Zahlen zwischen **00** und **99**.

Beispiel: *Zeigt der Würfel der Zehnerstelle eine 1 und der der Einerstelle eine 7, so ergibt dies ein Würfelergebnis von 17. Bei einer 0 und einer 5 ist das Ergebnis 5, und bei einer 9 und einer 0 ist es 90.*

Zu diesem Wert wird nun noch die vorher festgelegte Erfolgschance addiert. Ist das Endergebnis größer oder gleich **100**, so war die Aktion von **Erfolg** gekrönt. Dein Charakter hat sein Ziel erreicht. Ist die Zahl kleiner als **100**, so handelt es sich um einen **Misserfolg**.

Beispiel: *Two-Spoons Erfolgschance, Nasi Goreng mit seiner Kochkunst zu beeindrucken, liegt bei 50%. Der Spieler würfelt mit einem grünen, zehnseitigen Würfel für die Zehnerstelle und einem roten für die Einerstelle. Der grüne Würfel zeigt eine 6, der rote eine 3, zusammen also eine 63. Hierzu darf er nun die Erfolgschance von 50% addieren und erhält ein Endergebnis von 113.*

Die Zahl ist größer/gleich 100 und somit ein voller Erfolg. Der Spielleiter beschreibt, wie es dem sonst so hartgesottenen Boss vor Freude die Tränen in die Augen treibt, als er den leckeren, gebratenen Reis mit Hühnchen kostet. Genüsslich mampfend erklärt er sich bereit, Two-Spoons laufen zu lassen, und er will ihm sogar bei seinem Vorhaben helfen, vorausgesetzt, der Hase gibt sein Rezept an Nasis Leibkoch weiter…

Bist du sicher?

Wenn dein Charakter die Schwierigkeit seiner Aktion kennt und das Ergebnis mitbekommt, so nennt dir der Spielleiter die Erfolgschance und lässt dich den Erfolgswurf selbst durchführen, z. B. beim Stemmen von Gewichten im Fitness-Studio oder wenn ihm die Arbeit aufgrund eines hervorragenden Werkzeugs leichter von der Hand geht.

Kennt dein Charakter nicht alle äußeren Umstände, die seine Aktion beeinflussen, z. B. weil er unwissentlich verflucht ist und deshalb ständig Pech hat, so ermittelt der Spielleiter die Erfolgschance im Geheimen und lässt dich lediglich den W100 werfen. Danach teilt er dir das Ergebnis mit.

Manchmal sind die Auswirkungen deiner Aktion aber nicht sofort sichtbar. Ob deinem Charakter beispielsweise gelungen ist, einen Heiltrank herzustellen, oder ob er doch nur einen wohlschmeckenden Kräutertee zustande gebracht hat, werdet ihr erst erfahren, wenn das Gebräu einem armen Opfer eingeflößt wird. In diesem Fall behält der Spielleiter für sich, ob deine Aktion erfolgreich war, oder er führt den Erfolgswurf gleich selbst im Geheimen durch, ohne dir irgend etwas zu sagen.

Des einen Freud'…

Wenn sich deine Aktion gegen einen anderen Charakter richtet, so können auch dessen Ausrüstung, Spezies und Besonderheiten die Schwierigkeit deines Erfolgswurfes modifizieren. *Gaudium Ludendi* nennt dies **Widerstandsfähigkeit (WF)**.

Dabei verschlechtern Umstände, die deinem Gegner einen Vorteil verschaffen, deine eigene Erfolgschance um **–50%** und solche, die für ihn von Nachteil sind, verbessern sie um **+50%**.

Beispiele hierfür wären eine gewisse Magie-Unempfindlichkeit des Gegners, wenn dein Charakter ihn verzaubern will, oder das überdurchschnittlich gut gesicherte Handy des korrupten Beamten, den dein Held am Arbeitsplatz ausspionieren will. Dabei spielt es keine Rolle, ob das Ziel etwas von deiner Aktion weiß oder nicht. Der Widerstand erfolgt ganz automatisch und es ist dazu keine Gegenaktion notwendig.

Intensität	**EC**
Schwach (Allergieauslöser)	0%
Mittel (ermüdende Tätigkeit, Sonnenbrand)	50%
Stark (ansteckende Krankheit)	100%
Extrem (tödliches Pfeilgift)	150%

Tabelle 3: *Umwelteinflüsse*

Wirkt sich deine Aktion gleichzeitig auf mehrere Kontrahenten aus, z. B. das Plädoyer des Anwalts, welches die 12 Geschworenen überzeugen soll, so muss der Spielleiter für jeden Kontrahenten eine eigene Erfolgschance festlegen. Danach führst du, wie üblich, nur einen einzigen Erfolgswurf aus. Zu dieser Zahl rechnest du dann für jedes Ziel unabhängig voneinander die jeweilige Erfolgschance hinzu und ermittelst die individuelle Wirkung. So kannst du für jeden Gegner separat ein eigenes Ergebnis erzielen. Bei einigen hast du vielleicht Erfolg, bei anderen nicht.

Auch die Umwelt selbst kann Einfluss auf deinen Charakter haben, z. B. das heiße Klima der Wüste, das den Wanderer zusätzlich erschöpft, oder das Gift, das dem Opfer eingeflößt wurde und gegen welches der Körper nun Widerstand leisten muss.

Der Spielleiter führt in diesem Fall einen Erfolgswurf durch, dessen Erfolgschance von der Intensität der Situation abhängt (siehe Tabelle 3: *Umwelteinflüsse*). Und auch auf diese Chancen darfst du die Widerstandsfähigkeit deines Charakters gegenüber den entsprechenden Einflüssen anrechnen.

Beispiel: *»Vadim Vasile, ein mürrischer Lykantropenjäger (HB), Hobby-Alchemist (NB) und fanatischer Schachspieler (NB) vom rumänischen Vampirclan der Trandafir Sângeros (K/S)« ist auf der Flucht. Vor zwei Tagen hatte ihn ein Spähtrupp in Bukarest gefangen genommen und in das versteckte Lager der Werwölfe unter-*

halb der Stadt verschleppt. Nachdem sich der Vampir am Abend aus seiner Zelle befreien konnte, arbeitet er sich nun langsam bis zum Ausgang der Kanalisation vor. Noch 50 Meter, dann hätte er es geschafft, doch leider melden ihm seine Vampirsinne zwei weitere Wächter in einer 10 Meter entfernten Abzweigung.

Entgegen dem Volksglauben ist Vadim nicht in der Lage, sich in eine Fledermaus zu verwandeln und so bleibt ihm nichts anderes übrig, als an den Werwölfen vorbei zu schleichen, wenn er sich nicht auf einen Kampf mit einer Überzahl an Gegnern einlassen will.

Als Grundlage für die Aktion will der Spieler die Hauptbeschäftigung seines Charakters verwenden, da dieser als Jäger ausreichend Übung haben sollte, sich an seine Beute anzuschleichen. Von seinem realen Alter her wäre Vadim in der Alterskategorie eines Greises, und hätte damit, laut Tabelle für seine beruflichen Fähigkeiten eine Erfolgschance von 50%. Als Vampir unterliegt er jedoch keiner altersbedingten Degeneration, weswegen er die ganz normalen 100% verwenden darf.

Dies teilt er dem Spielleiter mit, welcher auch noch alle übrigen Modifikatoren in dieser Situation kennt, einschließlich der Besonderheiten der beiden Wachposten. Als Werwölfe besitzen sie die Besonderheiten »feines Gehör« und »gute Nase«, und so beschließt der Spielleiter dass dieser Vorteil der Gegner für den Vampir einen Nachteil darstellt. Er muss, aufgrund dieser Widerstandsfähigkeit, auf seine Erfolgschance einen Malus von –50%

hinnehmen, was diese auf 50% reduziert. Weiterhin weiß auch nur der Spielleiter, dass einer der Wächter stark betrunken ist. Dieser Nachteil wiederum gereicht Vadim zum Vorteil und er erhält für diesen einen Wächter einen zusätzliche Bonus von +50%, was die gerade errechnete Erfolgschance von 50% wieder auf 100% erhöht. Aber eben nur für einen der Gegner.

Vadims Spieler führt nun seinen Erfolgswurf aus und würfelt 38. Für den betrunkenen Werwolf addiert der Spielleiter insgeheim die ermittelte Erfolgschance von 100%. 138 ist größer als 100, und die Aktion somit ein Erfolg. Der Saufkopf bemerkt den Ausbrecher nicht. Für den anderen Wächter addiert der Spielleiter die ermittelte Erfolgschance von 50% zu den gewürfelten 38. Das Ergebnis, 88, ist kleiner als 100, die Aktion hier also ein Misserfolg.

Da es in dieser Situation ausreicht, wenn ein Gegner Vadim entdeckt, zählt somit die ganze Aktion als gescheitert. Der Werwolf bemerkt den Gefangenen und gibt Alarm. Der Vampir sollte nun schleunigst die Beine in die Hand nehmen…

Mit vereinten Kräften

Ein wesentlicher Aspekt des Rollenspiels ist die Kooperation zwischen den Spielfiguren. Hierin unterscheidet sich diese Art des Spiels immer noch von den meisten anderen Brett- oder Kartenspielen, auch wenn dort in den letzten Jahren ebenfalls ein Umdenken stattgefunden hat.

Du und deine Freunde, ihr spielt nicht gegeneinander, sondern zieht gemeinsam an einem Strang und arbeitet zusammen, um euer Ziel zu erreichen. Und so bleibt es nicht aus, dass auch eure Helden in manchen Situationen nur weiterkommen, wenn sie ihre Kräfte vereinen.

Hierbei musst du zwei Situationen unterscheiden. Im ersten Fall arbeiten dein Charakter und seine Verbündeten an der gleichen Aufgabe, aber jeder weitestgehend selbstständig. Hierfür sind keine zusätzlichen Regeln nötig. Ihr führt einfach für jeden Beteiligten einen ganz normalen, individuellen Erfolgswurf durch, wie es auch schon in den vorangegangenen Abschnitten beschrieben wurde. Der Charakter, dessen Erfolgswurf als erster gelingt, ist dann der Held des Tages. In solchen Situationen liegt der Vorteil der Kooperation lediglich darin, dass das Ergebnis schneller, bzw. mit weniger Versuchen des einzelnen Helden erreicht wird.

In manchen Fällen genügt dies jedoch nicht, da zum Erreichen des Ziels eine Leistung erbracht werden muss, die zu hoch für eine einzelne Person ist. Somit nützt es nichts, wenn mehrere Verbündete es der Reihe nach versuchen. Sie werden alle scheitern. Erst wenn alle gemeinsam, gleichzeitig und koordiniert vorgehen, sind sie in der Lage eine höhere Gesamtleistung zu erzielen.

Bei solchen **koordinierten Aktionen (KA)** würfeln alle Beteiligten unabhängig voneinander ihren Erfolgswurf und addieren ihre Ergebnisse. Ist diese Summe größer oder gleich **100**, ist die Aktion gelungen, andernfalls war es ein Misserfolg.

Wenn hierbei von Beteiligten gesprochen wird, so sind in der Regel Charaktere gemeint. Unter bestimmten Umständen könnten dies aber auch Werkzeuge oder Gegenstände sein, welche für die eigentliche Aktion nicht zwingend erforderlich wären, in gewisser Weise aber eigenständig handeln und somit zum Gesamtergebnis beitragen können, z. B. ein intelligenter Zielcomputer im Raumschiff oder das Navi in deinem Auto. Theoretisch kommst du auch ohne zurecht, aber mit ihnen erbringst du eine bessere Leistung.

Die Grenze zwischen einer solchen Zusammenarbeit mit einem Werkzeug und einem simplen Bonus, den du auf deinen Erfolgswurf erhältst, weil du einen bestimmten Gegenstand einsetzt, ist dabei nicht immer ganz klar definiert. Deshalb solltest du mit dem Spielleiter vor dem eigentlichen Spiel abstimmen, wie ihr die zur Diskussion stehenden Gegenstände handhaben wollt.

Beispiel: *Nachdem ihr Vater durch den reichen Minenbesitzer Jefferson ermordet worden ist, sinnt »Kitty La Rouge, ei-*

ne junge Saloon-Tänzerin (HB), Revolver-Braut (NB) und Pferdenärrin (NB) aus Tombstone in Arizona (K/S)« auf Rache. Da sie vom langen aber bestechlichen Arm des Gesetzes keine Gerechtigkeit erwarten kann, macht sie sich mit ihrem Freund »Cheveyo, einem geheimnisvollen Schamanen (HB), Geschichtenerzähler (NB) und Jäger (NB) vom Stamm der Hopi-Indianer (K/S)« auf, um das Gesetz in die eigenen Hände zu nehmen.

Im Laufe des Abenteuers werden die beiden jedoch von Jeffersons Handlanger Sanchez entdeckt. Durch eine gezielte Explosion bringt der irre Sprengmeister den Eingang der stillgelegten Mine zum Einsturz, in welcher sich die beiden Helden versteckt hatten. Zwar ist der Weg in die Freiheit nun durch große Felsbrocken versperrt, doch sie haben Glück im Unglück und bleiben selbst unverletzt.

Kitty und Cheveyo geben nicht so schnell auf und erkunden den restlichen, noch zugänglichen Teil der Mine. Und tatsächlich finden sie auch einen weiteren Ausgang. Dieser ist zwar durch eine Gittertür versperrt, doch Cheveyo will versuchen, sie mit einem Schaufelstiel, den er in den Gängen gefunden hat, aufzustemmen.

Weder er noch Kitty verfügen über irgendwelche Wissensgebiete, die ihnen bei derlei Kraftakten nützlich wären, und so legt der Spielleiter eine Erfolgschance von 0% fest. Da es sich außerdem bei der Tür um eine stabile Eisenkonstruktion handelt muss jeder, der sie aufbrechen will, einen Malus von –50% hinnehmen.

Für eine Person alleine ist dies unmöglich zu schaffen, und so versuchen sie es beide zusammen. Der Schamane besitzt außerdem noch ein geheimnisvolles Pülverchen, durch welches er Kontakt mit dem großen Geist des Bären aufnehmen kann. Er atmet es ein, richtet ein Gebet gen Himmel und kurz darauf ist ein mystisches Flackern in seinen Augen zu sehen. Der Zauber verleiht ihm die temporäre Besonderheit »Kraft des Bären«, und der Spielleiter bestimmt, dass dies einen Bonus von +50% auf seinen Erfolgswurf wert ist. Dies gleicht den Malus aufgrund der Eisenkonstruktion wieder aus, und so liegt die Erfolgschance für diesen Helden bei 0%.

Die Tänzerin zählt bis drei, dann stemmen sich die beiden Charaktere gegen das Gitter.

Beide Spieler würfeln. Kittys Spielerin wirft eine 84. Zusammen mit der Erfolgschance von –50% ergibt das eine Gesamtleistung von 34.

Für Cheveyo zeigt der Würfel 66. Die Erfolgschance von 0% verändert diese Zahl nicht weiter.

Zusammengezählt ergeben beide Leistungen ein Gesamtergebnis von 100, gerade noch so ein Erfolg. Das Gitter springt krachend auf und die Helden stolpern erschöpft in die Freiheit…

Nicht mit mir, Junge!

Es wird immer wieder zu Situationen kommen, in welchen dein Held etwas tun möchte, während gleichzeitig auch ein anderer Charakter handelt. Haben diese Aktionen keinen direkten Einfluss auf die Leistungsfähigkeit des jeweils anderen, z.B. bei einem Pistolenduell, wo es im Wesentlichen darauf ankommt, wer zu erst schießt, so würfelt ihr einfach beide eure ganz normalen Erfolgswürfe, wie bereits beschrieben, und ermittelt unabhängig voneinander die jeweiligen Ergebnisse. Derjenige mit dem höheren Wert agiert dabei zuerst.

Versuchen dein Held und sein Gegner jedoch, gegenseitig die Aktion des jeweils anderen zu vereiteln und gleichzeitig das eigene Ziel zu erreichen, z.B. beim Tauziehen oder Fechten, wird die Situation durch ein **Kräftemessen (KM)** entschieden.

Jeder von euch führt hierzu einen Erfolgswurf durch und ermittelt sein individuelles Ergebnis. Da sich die Charaktere jedoch auf zwei Dinge gleichzeitig konzentrieren müssen, die Aktion des Gegners und die eigene, wird nur die halbe Erfolgschance zum Wurf addiert.

Erzielst du dabei einen Erfolg, und dein Gegner einen Misserfolg, so setzt sich dein Charakter durch und erreicht sein Ziel. Im umgekehrten Fall gewinnt dein Gegner. Habt ihr beide einen Misserfolg (Ergebnis < 100), so entsteht ein Unentschieden, bei welchem keiner von euch irgend einen Fortschritt zu verzeichnen hat. Würfelt ihr dagegen beide einen Erfolg (Ergebnis ≥ 100), so handelt es sich ebenfalls um ein Unentschieden, wenn möglich aber in Form einer Win-Win-Situation.

Anders als bei der passiv wirkenden Widerstandsfähigkeit, wie sie in Abschnitt *Des einen Freud'*... auf Seite 38 beschrieben wurde, ist sich dein Charakter bei einem Kräftemessen seines Kontrahenten bewusst und kann aktiv Widerstand leisten. Deswegen führen hier beide Seiten einen Erfolgswurf aus.

Beide Regeln können aber auch kombiniert werden: Dein Charakter kann eine Besonderheit besitzen, welche seinem Widersacher einen Malus auf dessen Erfolgswurf beschert, und dein Charakter kann sich gleichzeitig aktiv wehren.

Beeinflusst die Aktion deines Helden mehrere Kontrahenten gleichzeitig, führst du selbst nur einen einzigen Erfolgswurf durch und vergleichst dein Ergebnis jeweils einzeln mit den Würfen deiner Gegner. Dadurch kann es geschehen, dass dein Charakter gegen einige seiner Kontrahenten gewinnt, gleichzeitig aber gegen andere verliert.

Unter bestimmten Bedingungen ist es sogar möglich, dass Dein Charakter sich nicht selbst wehren muss, sondern dass dies durch einen mitgeführten Gegenstand geschieht, der selbstständig wirkt, z. B. das Pferd eines Reiters bei der Flucht.

Weiterhin kann es vorkommen, dass das Ergebnis deines Erfolgswurfes über einen längeren Zeitraum Bestand hat und deshalb erst später mit dem Erfolgswurf eines oder mehrerer Gegner verglichen wird.

Außerdem kann es Situationen geben, in welchen mehrere Personen auf einer der beiden Seiten als Einheit agieren, oder vielleicht sogar auf beiden, z. B. beim Tauziehen zwischen zwei Mannschaften. Dann ermittelst du die Leistung der einzelnen Gruppen wie bei einer koordinierten Aktion (siehe Abschnitt *Mit vereinten Kräften* auf Seite 41) und vergleichst nur die Gesamtergebnisse.

Beispiel: *»Kamal, ein junger, äußerst charmanter (BS) aber recht kurzsichtiger (BS) Teppichhändler (HB), Poet (NB) und Lebemann (NB) aus dem alten Persien (K/S)« schlendert am frühen Morgen über den Basar. Er ist unterwegs zu »Rashid, einem geldgierigen Karawanenführer (HB), Veranstalter von Kamelrennen (NB) und gerissenem Glücksspieler (NB) mittleren Alters aus dem alten Persien (K/S)«, mit welchem er über einen Transport von 50 wertvollen Teppichen verhandeln will.*

Als der junge Bursche beim Haus des Karawanenführers ankommt, öffnet ihm dessen Diener die Tür und führt ihn in das Arbeitszimmer. Dort wir der Teppichhändler bereits von Rashid erwartet und zum Tee eingeladen.

Kamal trägt anschließend sein Anliegen vor, und als beide Männer nun beginnen, um die Bedingungen zu feilschen, entscheidet der Spielleiter den Ausgang der Situation mit Hilfe eines Kräftemessens. Denn beide Charaktere müssen gleichzeitig ihre eigenen Interessen vertreten und ihre Position stärken, dabei aber auch auf die Reaktionen des anderen achten und dessen Argumente schwächen.

Aufgrund ihrer Hauptbeschäftigungen, gehören derlei Verhandlungen zum typischen Alltag beider Männer. Für ihren Erfolgswurf gilt somit jeweils eine Erfolgschance von 100%.

Der junge Kamal besitzt zusätzlich einen Vorteil, weil es ihm durch seine charmante Art leichter fällt, andere Menschen für sich einzunehmen – und das nicht nur beim anderen Geschlecht. Seine Erfolgschance verbessert sich dadurch um 50% auf 150%. Da es sich jedoch um ein Kräftemessen handelt, wird sie noch einmal halbiert und steht schlussendlich bei 75%.

Zwar besitzt Rashid selbst keine weiteren Besonderheiten, die ihm nützlich wären, doch, was niemand weiß, er trägt einen magischen Ring, der ihn die Gefühle seines Gegenübers spüren lässt. Dies hilft ihm zu erkennen, wie gut seinem Verhandlungspartner ein gemachtes Angebot gefällt und ob er in diese oder besser eine andere Richtung weiter verhandeln soll. Somit erhöht sich auch seine Erfolgschance um 50% auf 150% und steht nach der Halbierung ebenfalls bei 75%.

Kamals Spieler führt nun einen Erfolgswurf aus. Der Würfel zeigt eine 22, was zusammen mit der Erfolgschance ein Endergebnis von 97 ergibt, also einen Misserfolg.

Für Rashid würfelt der Spielleiter 15. Zusammen mit dessen Erfolgschance von 75% stellt das Endergebnis von 90 ebenfalls einen Misserfolg dar.

Somit konnte keiner der beiden seinen Standpunkt klar machen, und es kommt zu keiner Einigung. Da die Männer aber weiterhin an dem Geschäft interessiert sind, wollen sie noch nicht aufgeben. Rashids Diener bringt süßes Gebäck und das Kräftemessen geht in die nächste Runde.

Diesmal würfelt Kamals Spieler ein Endergebnis von 126. Erfolg! Doch auch der Spielleiter hat diesmal mehr Glück. Er erzielt mit 151 ebenfalls einen Erfolg.

Der Spielleiter entscheidet deshalb dass keiner der beiden Männer den jeweils anderen über den Tisch zieht, sondern sie sich angesichts der Situation auf ein Ergebnis einigen, welches zu beider Vorteil und Zufriedenheit ist. Und vom Preis her treffen sie sich in der Mitte, wie so oft beim Feilschen…

Weniger würfeln

Du wirst sicher schon gemerkt haben, dass der Erfolgswurf bei einer Erfolgschance von 0% niemals den Wert **100** erreichen kann, egal was du würfelst. Bei einer Erfolgschance von 100% oder größer wirst du dagegen niemals weniger als **100** würfeln.

Spielt ihr nur nach den Grundregeln von *Gaudium Ludendi* kannst du als Spielleiter deshalb in diesen Fällen gleich ganz auf das Würfeln verzichten und beim Beschreiben der weiteren Geschehnisse von einem **sicheren Erfolg** oder **sicheren Misserfolg** ausgehen. Es sei denn, du möchtest die Spieler durch den dennoch ausgeführten Erfolgswurf vorerst im Unklaren über Situation und Ergebnis lassen.

Die einzigen Fälle, die hier noch übrig bleiben, sind eine Erfolgschance von 50%, sowie, aufgrund von Halbierungen beim Kräftemessen, 25% oder 75%. Auch diese Fälle lassen sich recht gut ohne Würfeln entscheiden.

Das kann ganz praktisch sein, wenn ihr mit kleineren Kindern spielt oder unterwegs seid und keine vernünftige Unterlage zum Würfeln vorfindet, z. B. wenn ihr *Gaudium Ludendi* für **Live Action Role-Playing Game (LARP)** verwendet.

Bei einer Chance von 50% kannst du z. B. eine Münze werfen. Bei Kopf hat dein Charakter Erfolg, bei Zahl misslingt ihm die Aktion.

Oder aber du spielst mit dem Spielleiter Schere-Stein-Papier. Gewinnst du, gelingt auch die Aktion deines Charakters. Gewinnt der Spielleiter, versagt dein Charakter.

Auch die beiden anderen Wahrscheinlichkeiten lassen sich auf diese Weise abhandeln. Bei einer Chance von 25% musst du zweimal hintereinander gewinnen, um erfolgreich zu sein. Bei 75% hast

du stattdessen einen zweiten Versuch, wenn es beim ersten nicht klappt.

Handelt es sich um ein Kräftemessen, so geht dein Gegner unabhängig von dir genauso vor. Hat nur einer von euch Erfolg, gewinnt derjenige das Kräftemessen. Schafft es keiner von euch oder schafft ihr es beide, so endet die Situation in einem Unentschieden.

Auch eine koordinierte Aktion könnt ihr auf diese Weise entscheiden. Dabei addiert ihr lediglich die Erfolgschancen aller Beteiligten. Ist diese Summe größer oder gleich **100**, ist die Aktion automatisch gelungen, andernfalls werfen alle Beteiligten eine Münze bzw. spielen mit dem Spielleiter oder einem anderen Spieler Schere-Stein-Papier.

Abhängig von der aufsummierten Erfolgschance, müsst ihr dabei eine Mindestanzahl von Einzelsiegen erringen, damit auch die gesamte Aktion als erfolgreich gilt (siehe Tabelle 4: *Nötige Einzelerfolge*).

Erfolge	bei EC	Summe
0		100%
1		50%
2	0%	−50%
3	−100%	−150%
4	−200%	−250%
…	…%	…%

Tabelle 4: *Nötige Einzelerfolge*

Erweiterungsregeln

Tempus fugit

Kann der Dieb das Türschloss knacken, bevor der patrouillierende Wachmann auf seiner Runde wieder bei ihm vorbeikommt? Solche oder ähnliche Fragen werden während des Rollenspiels immer wieder einmal auftauchen.

Um zu bestimmen, wie viel Zeit in der Spielwelt vergangen ist, unterscheidet *Gaudium Ludendi* verschiedene, grob eingeteilte **Zeitspannen (ZS)**. Diese sind in Tabelle 1: *Zeitspannen* aufgelistet.

Natürlich könntest du auch genauere Angaben zur Dauer bestimmter Tätigkeiten machen, doch in der Regel reicht es völlig aus, wenn du lediglich die ungefähre Größenordnung kennst, in der du dich bewegst. Schließlich kannst du sehr wohl aus dem Bauch heraus entscheiden, ob etwas nur ein paar Sekunden dauert oder ein paar Minuten. Ob es aber nun 2 Minuten sind oder doch eher 3 Minuten, ist da schon weitaus schwieriger abzuschätzen.

Jeder kommt mal dran

Wenn eure Charaktere gleichzeitig handeln, und es dabei auf die Reihenfolge der Aktionen ankommt, kann der Spielleiter die Szene in eine oder mehrere **Aktionsrunden (AR)** einteilen. Die Zeitspanne hängt dabei von der jeweiligen Situation ab (siehe Abschnitt *Tempus fugit* auf dieser Seite).

Bei einer kurzen Verfolgungsjagd wird jede Runde eher im Bereich *»sehr kurz«* liegen und nur ein paar Sekunden dauern. Wenn es darum geht, ein Dorf zu befestigen, bevor die Bande der Outlaws angeritten kommt, wirst du eher mit Stunden rechnen und die Zeitspanne *»mittel«* wählen. Und beim Bau einer Pyramide befinden wir uns im Bereich *»extrem lang«*, wo jede Runde ein paar Jahre dauert.

Während einer Runde kann jeder Charakter genau eine Aktion ausführen. Dabei muss es sich nicht zwangsläufig nur um eine Bewegung oder einen Gedankengang handeln. Es kann auch eine ganze Serie von Tätigkeiten sein, die aber schlussendlich zu einem einzelnen Ergebnis führt. Und eben dieses bestimmst du dann auch am Ende der Aktionsrunde mit Hilfe eines Erfolgswurfes.

Die daraus resultierende Zahl bestimmt dabei nicht nur, ob dein Held erfolgreich war, sie legt auch für alle involvierten Charaktere die Reihenfolge des Handelns fest.

Die Auswirkungen des höchsten Erfolgswurfes werden zuerst ermittelt. Wenn die übrigen Charaktere daraufhin noch in der Lage sind, ihre eigenen Aktionen auszuführen, kommt der nächsthöhere Wurf an die Reihe usw.

Zeitspanne	Dauer	Beispiele
Extrem lang	3 Jahre, (Ausbildung)	Planung und Bau eines Hauses, Abschließen einer Ausbildung, ...
Sehr lang	3 Monate, (ein Quartal)	Schmieden eines Plattenharnisches, Sanierung einer Wohnung, ...
Lang	5 Tage, (eine Arbeitswoche)	Schmieden eines Schwertes, Einüben einer Choreographie, Auskurieren einer Verletzung, ...
Mittel	5 Stunden, (halber Arbeitstag)	Brauen eines Trankes, Jagen von Wild, Durchführen einer Autopsie, ...
Kurz	10 Minuten	Schnelles Durchsuchen eines Raumes, Schreiben eines Briefes, Singen eines Liedes, ...
Sehr kurz	10 Sekunden	Sprechen eines Zaubers, Knacken eines Schlosses, Bekämpfen eines Gegners, ...

Tabelle 1: *Zeitspannen*

Hat dein Charakter sein Ziel nicht erreicht, d. h. misslingt der Erfolgswurf, so kann er sein Glück anschließend erneut versuchen. Du muss dabei aber wieder abwarten, bis die erforderliche Zeit verstrichen ist. Auf diese Weise spielen auch Übung und Erfahrung deines Charakters bei der Ausführungsdauer eine Rolle. Routinierte Profis sind meist in der Lage, das gewünschte Ergebnis in der angegebenen Zeit zu erreichen. Im Gegensatz dazu brauchen weniger geübte Anfänger oftmals länger, weil sie noch über jeden einzelnen Handgriff nachdenken und häufig in Handbüchern nachschlagen müssen oder einfach mehrere Anläufe benötigen.

Dies alles setzt natürlich Voraus, dass dein Charakter nach einem erfolglosen Versuch überhaupt noch die Gelegenheit hat, die Aktion zu wiederholen. Beim Versuch, mit einem Stein eine Fensterscheibe zu treffen, ist dies sehr wahrscheinlich, beim Versuch, über eine breite und tiefe Schlucht zu springen, wird es hingegen schwierig. Unter Umständen treten während des Zeitraums auch Ereignisse ein, die deinen Charakter in seiner Tätigkeit unterbrechen oder seine Bemühungen gänzlich zunichte machen. Hier ist wieder der Spielleiter gefragt, eine plausible Entscheidung zu treffen.

Beispiel: *»Jacky Wood, auch genannt ›Brains‹, ein Cyber-Hacker (HB), leidenschaftlicher Computerspieler (NB) und Motorrad-Freak (NB) aus Detroit, Michigan (K/S)«, und »Steve Burns, auch genannt ›Muscles‹, ein Söldner (HB) mit kybernetisch verstärkten Armen (BS), Comic/Sci-Fi-Fan (NB) und Hobby-Koch (NB) mit erstaunlich schlechtem Geschmackssinn (BS) aus Columbus, Ohio (K/S)«, sind im Auftrag von Cyber Industries unterwegs. Die beiden Runner sollen den Prototypen eines neuartigen elektronischen Auges zurückholen, welcher von Agenten der NeuroTech Corporation gestohlen wurde.*

Gerade arbeiten sich die beiden durch die Luftschächte des Fabrikgebäudes vor, in welchem das Konkurrenzunternehmen seine Beute analysieren will, als ihnen eine elektronisch verriegelte Luke den Weg versperrt.

Vermutlich könnte Burns das Hindernis mit seinen kybernetisch verstärkten Armen durch rohe Gewalt aus dem Weg räumen, der Auftraggeber will aber, dass so wenig Spuren wie möglich hinterlassen werden. Deshalb beschließen sie, dass Wood sich der Sache annehmen soll. Er zieht das CyberLink-Kabel aus der Tasche und verbindet sein Gehirn mit dem Zentralrechner des Gebäudes, um das elektronische Schloss zu hacken.

Der Spielleiter legt fest, dass die Zeitspanne eines jeden Versuchs in der Größenordnung »kurz« liegt, also ca. 10 Minuten lang dauert. Weiterhin werden nach dem ersten erfolglosen Versuch Überwachungsdrohnen ausgesandt, um nach dem Rechten zu sehen.

Bis diese am Standort der Charaktere eintreffen, dauert es ca. 15 Minuten, d. h. etwas mehr als eine Aktionsrunde. Es bleibt demnach also maximal Zeit für einen weiteren Versuch, bevor die Eindringlinge entdeckt werden. Davon erzählt er den Spielern allerdings nichts.

Nachdem ca. 10 Minuten in der Spielwelt vergangen sind, in welchen sich »Brains« seinen Weg durch den virtuellen Cyberspace des Rechners gebahnt hat, darf der Spieler seinen Erfolgswurf durchführen um zu ermitteln, ob es seinem Helden gelungen ist, die Verriegelung zu öffnen.

Durch sein professionelles Wissensgebiet »Cyber-Hacker« hat der Charakter eine Erfolgschance von 100%. Da es sich nicht um irgendein gewöhnliches Türschloss handelt, sondern um den Zugang zu einer Sicherheitseinrichtung, legt der Spielleiter weiterhin fest, dass die Aktion schwieriger ist als normal, und ein Malus von –50% angerechnet werden muss. Die endgültige Erfolgschance liegt also bei 50%.

Der Spieler würfelt 13, was zusammen mit der Erfolgschance ein Ergebnis von 63 ergibt. Dies ist kleiner als 100, die Aktion somit ein Misserfolg. Die Verriegelung bleibt geschlossen und die Drohnen machen sich auf den Weg.

»Brains« gibt jedoch nicht auf, und die nächste Aktionsrunde beginnt. Er hackt sich weiter durch den Cyberspace und am Ende der Aktionsrunde, nach 10 Minuten ist der nächste Erfolgswurf fällig, welcher diesmal zum Glück gelingt.

Das Schloss springt auf und »Muscles« schiebt das Hindernis beiseite. Geschafft! Kurze Zeit später sind die Helden hindurch gekrochen und haben die Luke hinter sich wieder geschlossen. In diesem Moment biegen die Überwachungsdrohnen um die Ecke. Da sie keine Eindringlinge vorfinden, ziehen sie nach einigen Minuten wieder ab. Steve und Jacky bekommen von all dem natürlich nichts mehr mit…

Das war ja krass!

Ergibt sich für einen Erfolgswurf eine Chance von 100% oder größer, bzw. von 0% oder kleiner, bräuchtest du in der Regel gar nicht erst zu würfeln, sondern kannst von einem sicheren Erfolg oder Misserfolg ausgehen.

Und in gewisser Weise spiegelt das ja auch die Erfahrung aus dem wirklichen Leben wieder.

Von einem Profi erwartet man einfach, dass das geplante Vorhaben in einer typischen Situation gelingt, während einer, der von Tuten und Blasen keine Ahnung hat, in der Regel auch nichts Sinnvolles zustande bringen wird.

Kaufst du dir beim Bäcker Brötchen, so gehst du sicher davon aus, dass diese auch genießbar sind und dir schmecken werden, statt insgeheim die Wahrscheinlichkeit zu berechnen, mit welcher dem Bäcker ein Fehler unterläuft, und du die Brötchen wegwerfen musst. Diese ist einfach so gering, dass du sie vernachlässigen kannst.

Nun leben spannende Geschichten aber oft von Situationen, in welchen das Unmögliche geschieht. Durch bloßes Glück schafft es der Held, die Welt zu retten, und der überhebliche Schurke, dessen Plan nicht schief gehen kann, wird vom Schicksal eines Besseren belehrt. Und wenn dann die Rede ist, von einer Chance, die eins zu einer Million steht, so kannst du dir fast sicher sein, dass das Ereignis eintritt.

Um derlei Unwägbarkeiten auch ins Rollenspiel einfließen zu lassen, bietet dir *Gaudium Ludendi* die folgende optionale Regel an:

Zeigt dein Würfel bei einem Erfolgswurf eine Zahl zwischen **95** und **99**, noch bevor du die Erfolgschance hinzu gezählt hast, so hat dein Charakter einen **Glückstreffer (GT)** erzielt, einen sicheren und spektakulären

Würfelst du dagegen eine Zahl zwischen **0** und **4**, so widerfährt ihm ein **Missgeschick (MG)**. Die Aktion misslingt auf jeden Fall, und das meist auch auf spektakuläre Weise, selbst wenn das Ergebnis nach addieren der Erfolgschance größer oder gleich **100** wäre: Dein Held ist beim Gehen ausgerutscht und gestürzt oder hat beim Kuchenbacken den Zucker mit dem Salz verwechselt, was sein Backwerk ungenießbar macht.

Wenn ihr diese optionale Regel verwendet, müsst ihr in den Grundregeln auch dann würfeln, wenn die Erfolgschance **0%** oder kleiner bzw. **100%** oder größer ist.

Ein Glückstreffer bei einer koordinierten Aktion bedeutet, dass die Aktion auf jeden Fall von Erfolg gekrönt ist, egal was die übrigen Beteiligten würfeln. Ein Missgeschick bedeutet hingegen, dass die Aktion auf jeden Fall scheitert. Wird in der Gruppe beides gewürfelt, heben sich beide Ergebnisse auf und werden bei der weiteren Bewertung der Aktion nicht berücksichtigt.

Erzielst du einen Glückstreffer bei einem Kräftemessen, gewinnst du automatisch, es sei denn, dein Gegner würfelt selbst einen Glückstreffer. In diesem Fall ist es ein Unentschieden. Widerfährt dir ein Missgeschick, verlierst du das Kräftemessen sicher, es sei denn, dein Gegner erleidet ebenfalls ein solches. Dann zählt es auch hier als Unentschieden.

Beispiel: *Imhotep, der berühmte Baumeister im alten ägyptischen Reich, hat die Spieler-Charaktere beauftragt, eine wertvolle Statue von ihrem Herstellungsort zur Djoser-Pyramide zu transportieren, welche sich gerade im Bau befindet.*

Alle Widrigkeiten, die den Charakteren während ihrer Fahrt über den Nil begegnen, werden gemeistert, und so kommt das Schiff endlich an der Baustelle an, wo die Statue abgeladen werden soll.

»Ptah, ein gewissenhafter Nil-Kapitän (HB), Flötenspieler (NB) und leidenschaftlicher Ringer (NB) mittleren Alters aus Oberägypten (K/S)«, der das Schiff befehligt, befestigt das wertvolle Stück persönlich mit Tauen am Kran.

Bei so teurer Fracht hält der Spielleiter es für angebracht hierfür einen Erfolgswurf durchzuführen. Als erfahrener Seemann, der solche Transporte nicht zum ersten Mal durchführt, liegt Ptahs Erfolgschance bei 100%, und der Spieler würfelt siegessicher.

Ohne diese optionale Regel könnte er kein Ergebnis kleiner als 100 erzielen, doch diesmal verwendet die Gruppe »Glückstreffer« und »Missgeschicke«, und tatsächlich zeigt der Würfel diesmal eine 4, ein Missgeschick! Die Erfolgschance von 100% wird in diesem Fall gar nicht mehr dazugezählt.

Normalerweise kennt der Kapitän sich mit Knoten aus, doch diesmal können sie das Gewicht der Statue nicht halten. Die Seile lösen sich, als das wertvolle Objekt bereits hoch in der Luft hängt. Donnernd kracht der teure Stein auf die Mauer des Hafenbeckens und bricht entzwei.

Imhotep wird sehr, sehr wütend sein…

Temporäre Besonderheiten

Wenn sich der Zustand deines Charakters während des Spiels ändert, so kannst du die Auswirkungen als **temporäre Besonderheiten (TB)** notieren.

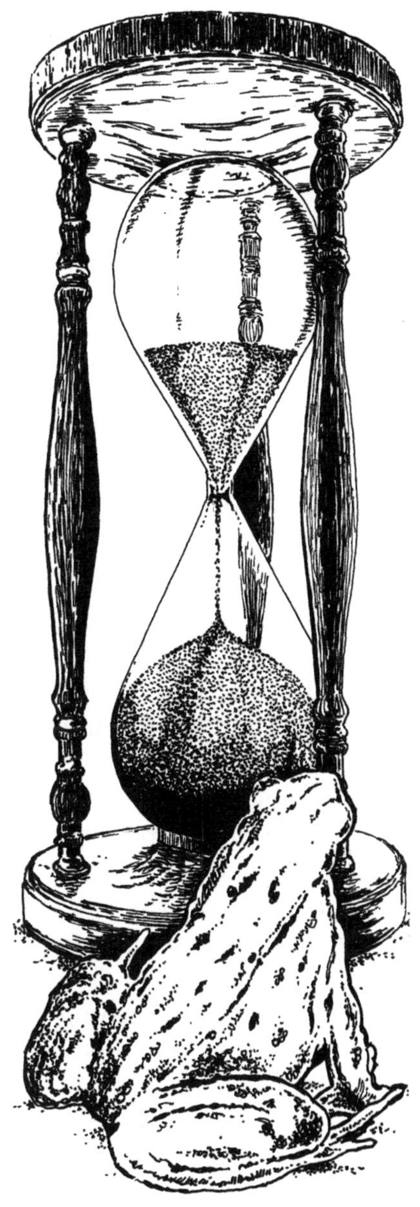

Dies sind zusätzliche Merkmale, die zeitweilig die Handlungsmöglichkeiten einschränken, z. B. Krankheiten, erweitern, z. B. Doping-Mittel, oder dem Charakter neues Wissen und neue Fertigkeiten verleihen, z. B. mächtige Zauber.

Jede temporäre Besonderheit besitzt eine **Wirkungsdauer (WD)**, welche die Bedingung beschreibt, die erfüllt sein muss, damit die Besonderheit wieder verschwindet. Dies kann neben einer Zeitspanne (siehe Abschnitt *Tempus fugit* auf Seite 50) auch ein bestimmtes Ereignis sein.

Die Wirkungsdauer wird hinter der temporären Besonderheit in eckigen Klammern notiert, z. B. »*in Frosch verwandelt [bis geküsst]*« oder »*betrunken [5 Stunden]*«.

Mehr Details...

Wenn du die Fähigkeiten deines Charakters auf eine differenziertere Weise beschreiben willst, kannst du den einzelnen Wissensgebieten der Rolle unterschiedliche **Erfahrungsstufen (ES)** zuordnen.

K/S	ES	HB/NB	ES
Ab Jugendlicher	100%	Legende (Leonardo da Vinci, Bruce Lee, Albert Einstein)	175%
Kind/Greis	75%	Großmeister (Weltmeister)	150%
Kleinkind	50%	Meister (Zunftmeister, Landesmeister, Professor)	125%
Baby	0%	Profi (Erfahrener Handwerksgeselle, Handwerksmeister, Profisportler, Doktor)	100%
		Amateur (Handwerksgeselle nach der Ausbildung, Amateursportler, Student nach der Diplomarbeit)	75%
		Fortgeschrittener (Handwerkslehrling im 2. und 3. Lehrjahr, fortgeschrittener Sportler, Student ab dem 4. Semester)	50%
		Anfänger (Handwerkslehrling im 1. Lehrjahr, Sportanfänger, Student ab dem 1. Semester)	25%
		unfähig	0%

Tabelle 2: *Erfahrungsstufen*

Wie der Name schon sagt, beschreiben diese Prozent-Zahlen, wie viel Erfahrung und Übung, sich der Charakter in seiner Kultur, Hauptbeschäftigung und seinen Nebenbeschäftigungen angeeignet hat.

Aus Tabelle 2: *Erfahrungsstufen* kannst du, abhängig von der Art des Wissens, ablesen, welche Leistung du von den einzelnen Erfahrungsstufen erwarten kannst.

Da du bei Verwendung dieser Option bereits beim Erschaffen des Charakters nicht nur festlegst, *dass* die Rolle ein bestimmtes Wissensgebiet umfasst, sondern auch wie *gut* der Charakter sich darin auskennt, stellt *Gaudium Ludendi* mit Tabelle 3: *Erfahrungsverteilung* eine alternative Methode zur Verfügung, um die Erfahrungsstufen, abhängig vom Alter des Charakters, innerhalb der Rolle zu verteilen.

Bei einem Erfolgswurf bestimmst du die Erfolgschance nicht wie in Abschnitt *...die Chancen...* auf Seite 34 beschrieben, sondern verwendest direkt die Erfahrungsstufe aus der Kultur/Spezies, Hauptbeschäftigung oder Nebenbeschäftigung, die du für den Wurf heranziehst. Die Erfahrungsstufen notierst du innerhalb runder Klammern hinter dem jeweiligen Merkmal auf den Karteikärtchen.

Menschen (Jahre)	K/S	HB	NB	NB	NB
Greis (∞–71)	75%	100%	100%	75%	50%
Ältere Person (70–51)	100%	125%	100%	75%	–
Mittleres Alter (50–31)	100%	125%	75%	75%	–
Erwachsener (30–18)	100%	100%	75%	50%	–
Jugendlicher (17–13)	100%	25%	75%	50%	–
Kind (12–8)	75%	–	50%	50%	–
Kleinkind (7–3)	50%	–	25%	25%	–
Baby (2–0)	0%	–	–	–	–

Tiere	K/S	HB	NB
Altes Tier	75%	75%	50%
Tier	100%	100%	–
Jungtier	75%	50%	–
Tierkind	50%	–	–
Tierbaby	0%	–	–

Tabelle 3: *Erfahrungsverteilung*

Die Abkürzung für den Typ des Wissensgebietes, die in den Grundregeln an dieser Stelle steht, brauchst du bei Verwendung der Erfahrungsstufen nicht mehr, da der Typ für die Ermittlung der Erfolgschance keine Rolle mehr spielt.

Rolle — Gaudium Ludendi — Das kompakte Rollenspielsystem

Name Rolf

Rolle Ein Junge der Detektiv-Bande ›Drei $$$‹ (50%) und akribischer Briefmarkensammler (50%) aus der reichen Hamburger Oberschicht (75%)

© Carlos Schramer

Beispiel: *»Rolf, ein Junge der Detektiv-Bande ›Drei $$$‹ (50%), akribischer Briefmarkensammler (50%) und Gymnasiast aus der reichen Hamburger Oberschicht (75%)« ist 11 Jahre alt. Somit fällt er in die Kategorie »Kind« und besitzt in seiner Rolle ein Wissensgebiet vom Typ Kultur/Spezies und zwei Nebenbeschäftigungen, die seine Hobbys darstellen.*

Da er im gesellschaftlichen Leben noch nicht die Routine und Erfahrung eines Erwachsenen besitzt, liegt er bezüglich seiner Kultur nur bei 75%. Für die alltäglichen Probleme, mit denen ein Kind konfrontiert ist, reicht dies sicherlich aus, und es sind keine Erfolgswürfe nötig, doch wenn es um Themen des Erwachsenenlebens geht, fehlt die Routine und der Erfolg ist nicht immer sicher.

In seinen Hobbys kennt Rolf sich besser aus als so manches andere Kind und auch so mancher Erwachsener. Und so haben die ›Drei $$$‹ mit ihrem Grips und ihren Ideen schon manchen Fall in ihrem Viertel gelöst. Doch gegen

ein echtes Detektiv-Büro oder einen erwachsenen Philatelisten stehen die Chancen schlechter…

Wenn du möchtest, kannst du dem Wissensgebiet zusätzlich auch die Beschreibung aus obiger Tabelle voranstellen, welche die Höhe der jeweiligen Erfahrungsstufe ausdrücken soll, bzw. ähnliche Begriffe, die im üblichen Sprachgebrauch auf den Grad der Erfahrung schließen lassen. Außerdem hört sich *»Albert, ein professioneller Taxifahrer«* doch irgendwie eleganter an als *»Albert, ein Taxifahrer mit Erfahrungsstufe 100%«*.

Beispiel: *»Igor Kankarov, Professor der Xenoarchäologie (125%), Amateurraumpilot (75%) und Hobby-Landschaftsmaler (75%) mittleren Alters von der Erdföderation (100%)«, ist unterwegs nach Aquarius 7, wo er einen kürzlich entdeckten Tempel einer längst vergessenen außerirdischen Rasse ausgraben soll.*

Seine langjährige Erfahrung in seiner Hauptbeschäftigung hat ihm schon einen Professortitel eingebracht, was seine Auftraggeber auf meisterliche Ergebnisse hoffen lässt.

Als Amateurpilot kommt er mit Raumschiffen ganz gut zurecht, aber nicht so gut wie ein Profi, weswegen er bei dieser Geschäftsreise eher auf die Dienste einer intergalaktischen Fluggesellschaft vertraut. Außerdem hat er so auch noch etwas Zeit, seinem Hobby zu frönen, und das angefangene Gemälde von Iribus 1 zu vollenden. Es wird sicher keine Preise gewinnen, aber über seiner Kaminattrappe sieht es bestimmt ganz gut aus…

Situation	Besonderheit	Werkzeug	MF
Automatisch	Extrem stark ausgeprägt (1% aller Erwachsenen)	Selbsttätig	+100%
Routine	Sehr stark ausgeprägt (4% aller Erwachsenen)	Magisch	+50%
Einfacher	Stärker ausgeprägt (21% aller Erwachsenen)	Gut	+25%
Typisch	Typisch für Menschen (48% aller Erwachsenen)	Typisch	±0%
Schwieriger	Schwächer ausgeprägt (21% aller Erwachsenen)	Schlecht	−25%
Fordernd	Sehr schwach ausgeprägt (4% aller Erwachsenen)	Improvisiert	−50%
Absurd	Extrem schwach ausgeprägt (1% aller Erwachsenen)	Beschädigt	−100%
Unmöglich	Fehlende Eigenschaft	Fehlt	– (kein EW)

Tabelle 4: *Modifikatoren*

...mehr Einflüsse

Ist die Tätigkeit einfacher oder schwieriger als bei einer typische Situation auf diesem Gebiet, so musst du zur Erfolgschance noch einen oder mehrere entsprechende **Modifikatoren (MF)** addieren (siehe Tabelle 4: *Modifikatoren*).

Auch jeder Besonderheit des Charakters ordnest du einen solchen Modifikator zu, abhängig davon, wie ausgeprägt sie im Vergleich zum normalen Menschen ist. Diese Modifikatoren werden dann ebenfalls zur Erfolgschance addiert, wenn die entsprechenden Besonderheiten in der jeweiligen Situation relevant sind.

Bei der Erschaffung des Charakters musst du lediglich darauf achten, dass die Summe der Modifikatoren aller Besonderheiten genau **0%** ergibt.

Die Zahlen notierst du innerhalb runder Klammern hinter dem jeweiligen Merkmal auf den Karteikärtchen.

Auch hier kann es sinnvoll sein, zusätzlich zur Erfahrungsstufe, die Beschreibung aus obiger Tabelle voranzustellen, um die Ausprägung deutlich zu machen. Dabei solltest du die Bezeichnungen *»stark«* bzw. *»schwach ausgeprägt«* nur als Stellvertreter für alle möglichen, gegensätzlichen Wortpaare ansehen. Oftmals passen andere Begriffe besser zur jeweiligen Besonderheit, z. B. *»gut«* und *»schlecht«*, *»groß«* und *»klein«* oder *»erhöht«* und *»verringert«*.

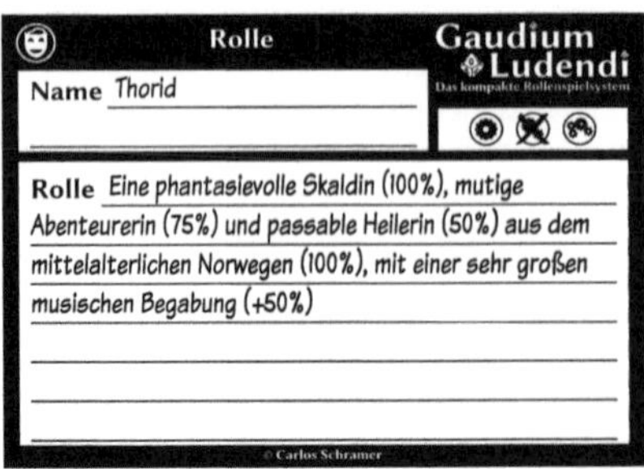

Rolle — Gaudium Ludendi — Das kompakte Rollenspielsystem

Name Thorid

Rolle Eine phantasievolle Skaldin (100%), mutige Abenteurerin (75%) und passable Heilerin (50%) aus dem mittelalterlichen Norwegen (100%), mit einer sehr großen musischen Begabung (+50%)

© Carlos Schramer

Beispiel: *»Thorid, eine phantasievolle Skaldin (100%), mutige Abenteurerin (75%) und passable Heilerin (50%) aus dem mittelalterlichen Norwegen (100%), mit einer sehr großen musischen Begabung (+50%)«, ist zu Gast im Hause eines einflussreichen Häuptlings, der seinem Sohn und Erben das Leben schwer macht, weil dieser einfühlsame, junge Mann recht nah am Wasser gebaut ist. Die Gemahlin des Häuptlings hatte Thorid deshalb gebeten, ihrem Gatten beim heutigen Festmal eine Lektion zu erteilen.*

Die Aufgabe der Skalden war zwar hauptsächlich das Rezitieren alter Sagen und Gedichte, und das Preisen der Heldentaten berühmter Mannen, doch an diesem Abend will die Frau ihr musikalisches Talent nutzen, um ihre rührenden Geschichten mit einer todtraurigen Melodie zu untermalen.

Als der Zeitpunkt gekommen ist, ist auch ein Erfolgswurf fällig. Die Spielerin addiert zur Erfolgschance von 100%, die sich aus der Hauptbeschäftigung ihres Charakters ergibt, auch noch den Modifikator von +50% von dessen Besonderheit. Zwar ist es eine Herausforderung, den hart gesottenen Häuptling zu beeindrucken, und so muss die Skaldin für ihr Vorhaben auch einen Malus von –50% hinnehmen, aber damit liegt die Erfolgschance immer noch bei 100%.

Die Spielerin würfelt 53 Augen, ein Erfolg, und so geht der Plan voll auf. Während Thorid ihre traurige Geschichte vorträgt, heulen alle Gäste, und auch der sture Häuptling, wie die Schlosshunde. Da begreift dieser, dass es selbst für echte Kerle keine Schande ist, von Zeit zu Zeit ein paar Tränen zu vergießen…

Auch temporäre Besonderheiten können einen Modifikator besitzen. Je nach Art der Besonderheit kann dieser sogar der Erfahrungsstufe eines zusätzlichen Wissensgebietes in der Rolle des Charakters entsprechen.

Die Wirkungsdauer kann dabei eine Zahl enthalten, welche die Anzahl an Punkten beschreibt, um welche sich der Modifikator in Richtung Normalzustand, d.h. **±0%** verändert, sobald die angegebene Bedingung erfüllt ist. Nach diesem Zeitpunkt ist die Besonderheit immer noch vorhanden, besitzt aber eine geringere Auswirkung auf die Erfolgswürfe.

Erst wenn der Modifikator komplett auf **±0%** gesunken ist, verschwindet die temporäre Besonderheit ganz.

Beispiel: *Der Pirat »Blue Eyes« McQueen vergöttert die Gouverneurstochter Esmeralda. Nachdem diese ihn in einer romantischen Mondscheinnacht auf dem Balkon ihrer Villa leidenschaftlich küsst und einwilligt, mit ihm in die Karibik zu fliehen, ist dies für ihn der Himmel auf Erden.*

Der Spielleiter legt fest, dass dieses Ereignis den Charakter so stark motiviert, dass er in den nächsten Stunden einen Bonus auf all seine Aktionen erhält.

Der Spieler darf sich eine temporäre Besonderheit »sehr stark motiviert (+50%) [–25%/5 h]« notieren.

Nachdem fünf Stunden in der Spielwelt vergangen sind, verringert sich der Bonus um 25 Prozentpunkte in Richtung Normalwert, und der Spieler ändert die Besonderheit in »stark motiviert (+25%) [–25%/5 h]« ab. Nach weiteren fünf Stunden ist der Normalwert von ±0% erreicht, und die temporäre Besonderheit wird gestrichen...

Beispiel: *Nachdem die Burgunder im Jahr 508 von Theoderich besiegt worden sind, versucht der verarmte König Gundobad sein Reich wieder aufzubauen. Eine besondere Krone soll ihm dabei helfen. Er beauftragt deshalb seinen Hufschmied Hartwin, ihm eine solche herzustellen.*

Hartwins Spieler befürchtet, dass die Fähigkeiten eines einfachen Hufschmieds nicht an die eines echten Kunstschmieds heranreichen und den Ansprüchen seines Königs nicht genügen. Deshalb beschließt er, dass der Held verzweifelt zu Donar betet und um Beistand bittet.

Und tatsächlich, als Hartwin am Abend vor seiner Hütte

sitzt, marschiert ein geheimnisvoller Zwerg die Straße entlang. Nachdem er sich die Sorgen des Schmieds angehört hat, verzaubert er ihn für einen Tag mit seinen eigenen Fähigkeiten.

Der Spieler darf eine temporäre Besonderheit notieren: »›meisterlicher Kunstschmied (175%)‹ durch Zauberspruch [bis Sonnenuntergang]«

Und während sich Hartwin gleich ans Werk macht, um keine Minute zu vergeuden, marschiert der Zwerg pfeifend von dannen. In Kürze würde er zurückkehren und das Opfer für seine Gabe einfordern…

Was uns nicht umbringt...

Wenn sich die Aktion eines Gegners gegen deinen Charakter wendet, so können dessen Ausrüstung, Spezies und Besonderheiten die Erfolgschance deines Kontrahenten modifizieren (siehe Abschnitt *Des einen Freud'…* auf Seite 38).

Aber auch das Training deines Helden kann dessen **Widerstandsfähigkeit (WF)** gegen Einflüsse erhöhen, welchen er aufgrund eines Wissensgebietes des öfteren ausgesetzt ist.

Um dem Rechnung zu tragen, ermittelst du aus der Erfahrungsstufe des jeweiligen Wissensgebietes einen entsprechenden Modifikator, den dein Gegner von seiner Erfolgschance abziehen muss:

Kommt es häufig vor, dass dein Charakter diesem Einfluss ausgesetzt ist, so beträgt der Modifikator die halbe Erfahrungsstufe, ist dies nur ab und zu der Fall, so ist es nur ein Viertel.

Beispiel: *»Beathas, eine Feenzauberin (125%), weise Historikerin (75%) und penible Handarbeiterin (75%) mittleren Alters aus dem Ostwald (100%), mit erstaunlicher Magie-Resistenz (+25%) und ungewöhnlicher Flugangst (–25%)«, zuckt nervös mit ihren schimmernden Flügeln, als sie den Palast des Gnomenkönigs Droch betritt. Zusammen mit ihren Gefährten will sie den üblen Herrscher in eine Falle locken. Erst wenn der Tyrann gestürzt ist, kann das Volk des nörd-*

lichen Waldes wieder in Frieden leben.

Doch das ist leichter gesagt als getan, denn Droch wird auf Schritt und Tritt von »Connell, dem älteren, königlichen Hofmagier (125%), misstrauischen Folterknecht (100%) und leidenschaftlichen Tierpräparator (75%) aus dem Gnomen-Reich (100%)« begleitet. Der misstrauische Kerl würde durch seine Zauberkraft sofort jede Lüge in Beathas Gedanken aufspüren.

Glücklicherweise besitzt sie nicht nur eine ungewöhnlich hohe, angeborene Widerstandskraft gegen magische Beeinflussung, sondern hat aufgrund ihrer Hauptbeschäftigung zusätzlich auch noch gewisse Übung darin, magischen Kräften zu widerstehen.

In der Feenwelt ist die Magie allgegenwärtig, und so ist der entsprechende Modifikator die Hälfte der entsprechenden Erfahrungsstufe von 125%, also 63%.

Und als die Frau schließlich den Thronsaal erreicht und sich angewidert vor dem üblen Gnomenkönig verbeugt, ist ihr sofort klar, dass sie diesen Widerstandswert auch bitter nötig hat, denn sobald er die Fee erblickt, lässt Connell der Hofmagier seine Kraft wirken, um ihre Gedanken zu lesen.

Auch er greift auf die Erfahrung in seiner Hauptbeschäftigung zurück, um in Beathas' Geist einzudringen. Die Erfolgschance ist 125%. Wegen der starken Magie-Resistenz seines Opfers muss er aber einen Malus von –25% hinnehmen, und aufgrund der antrainierten Übung sind es weitere –63%. Und so würfelt der Spielleiter für den Nicht-Spieler-Charakter den Erfolgswurf auf Basis einer Erfolgschance von 37%. Er erzielt eine 62, was ein Ergebnis von 99 darstellt, also gerade so ein Misserfolg. Glück für die Fee.

Connell spürt, dass seine Macht nicht stark genug ist, um die Gedanken der Fee zu lesen, und so muss er missmutig und ahnungslos mit ansehen, wie die Frau ihre fingierte Botschaft an seinen Herrn überbringt und somit den Köder auslegt…

Besser als gar nichts

Muss oder will dein Charakter eine Aktion ausführen, und zählt diese nicht zu den Tätigkeiten, mit welchen er sich aufgrund seiner Rolle tagtäglich beschäftigt, so kann der Spielleiter dir dennoch einen Erfolgswurf erlauben. Dabei darfst du jedoch nicht die volle Erfahrungsstufe verwenden, so wie sonst.

Ähnelt die Aktion zumindest einer typischen Tätigkeit aus dem Bereich eines erlernten Wissensgebietes oder kommt sie darin zwar nicht tagtäglich, aber doch von Zeit zu Zeit zum Einsatz, so ergibt sich die Erfolgschance deines Wurfs lediglich aus der Hälfte der jeweiligen Erfahrungsstufe. Dein Charakter ist zwar nicht so gut, wie jemand der diese Handlung ständig ausführt, aber er ist immer noch besser als jemand, der sich damit überhaupt nicht auskennt.

Befasst sich die Rolle allerdings auch nicht ansatzweise mit der geplanten Tätigkeit, so gehst du von der Erfahrungsstufe **0%** aus. Die Erfolgsaussichten sind dann sicherlich nicht berauschend, aber in der Not kann es deinem Helden vielleicht trotzdem das Leben retten, mit etwas Glück. Ein Erfolgswurf ist in diesem Fall aber nur erlaubt, wenn die Handgriffe und Gedankengänge simpel genug sind, um auch ohne Übung ausgeführt zu werden.

Hast du noch nie Darts gespielt, kannst du dich trotzdem mit deinen Freunden in die Kneipe stellen und auf die Scheibe werfen. In einer fremden Sprache zu sprechen oder eine Herztransplantation durchzuführen wird dir ohne die nötige Routine aber sicherlich nicht gelingen.

Sind die Wissensgebiete und Besonderheiten deines Charakters nicht ganz selbsterklärend, kann es sinnvoll sein, bereits vor dem Spiel zusätzlich die wichtigsten Tätigkeiten zu notieren, die er typischerweise im jeweiligen Bereich ausübt, und die von den Besonderheiten betroffen sind. Gleiches gilt für ähnliche Handlungen, die dir in den Sinn kommen. Dies bedeutet nicht, dass dies die einzigen Aktionen sind, die dein Charakter ausführen kann, sondern sie dienen als Gedankenstütze, um seine Möglichkeiten während des Spiels leichter abschätzen zu können.

Da diese zusätzlichen Informationen zu ausführlich sind, um sinnvoll in der Rolle des Charakters untergebracht zu werden, stellt *Gaudium Ludendi* für diesen Zweck eigene Karteikärtchen zur Verfügung. Auf diesen kannst du jedes Wissensgebiet noch einmal im Detail beschreiben.

Ⓣ Hauptbeschäftigung — Gaudium Ludendi (Das kompakte Rollenspielsystem)

Kriminaloberkommissarin — ES 125

Typisch / Tagtäglich	ES	Ähnlich / Selten	ES
Kriminalistik	125	Spuren sichern	63
verhören	125	Schlösser knacken	63
Alltag im Präsidium	125	deeskalieren	63
recherchieren	125	Personen festnehmen	63
Pistolenschießen	125	aufmerksam beobachten	63

© Carlos Schramer

Beispiel: *»Sonja Gütlein, Kriminaloberkommissarin (125%), gestresste Mutter (75%) und Serien-Junkie (75%) mittleren Alters aus Nürnberg (100%)«, inspiziert den neuesten Tatort des »Eismanns«. Dieser mysteriöse Serienkiller scheint seine Opfer mit Eiszapfen zu erstechen. Sein aktuelles Opfer, der reiche Bankier Steinmüller, wurde am Morgen im Schlafzimmer seiner Villa tot aufgefunden.*

Noch rätselt die Polizei, wie der Mörder an sein Opfer herankommen konnte, denn die Haustür war versperrt, und das Fenster des Schlafzimmers stand zwar offen, ist aber wie alle Fenster des Gebäudes vergittert.

Die Spielerin beschreibt, wie ihre Kommissarin in Gedanken versunken durch den Garten hinter dem Haus streift, in welchen man vom Schlafzimmer aus blicken kann. Das offene Fenster scheint ihr des Rätsels Lösung zu sein, doch noch kann sie nicht sagen wie.

Da die Spurensicherung hier noch keine Untersuchungen angestellt hat, will sie es selbst versuchen und hält Ausschau nach irgendwelchen Besonderheiten.

Diese Arbeit ist zwar nicht die Haupttätigkeit einer Kommissa-

rin, aber in ihrer langen Dienstzeit hat sie ihren Kollegen oft genug über die Schulter geblickt, um sich selbst gewisse Grundkenntnisse anzueignen.

Auf der Karteikarte für das Wissensgebiet »Kriminaloberkommissarin (125%)« ist deshalb neben typischen Themen wie »Kriminalistik«, »verhören« und »Alltag im Präsidium«, auch das verwandte Thema »Spuren sichern« notiert.

Um nach Spuren zu suchen, darf die Spielerin für den Erfolgswurf deshalb die Hälfte der Erfahrungsstufe 125%, also 63% verwenden. Für den Fall, dass die Suche der Kommissarin erfolglos bleibt, soll die Spielerin jedoch nicht wissen, ob einfach keine Spuren existieren, die gefunden werden könnten, oder ob ihr Charakter sie nur übersehen hat. Darum führt der Spielleiter den Erfolgswurf verdeckt selbst durch.

Der Würfel zeigt 51, zusammen mit der Erfolgschance ein Endergebnis von 114. Dies ist größer als 100, womit die Spurensuche erfolgreich war. Die Heldin hat tatsächlich das Beweisstück gefunden, welches der Spielleiter im Garten platziert hat. Er teilt der Spielerin deshalb mit, dass unter dem Baum gegenüber dem Schlafzimmerfenster ein kleines schwarzes Metallobjekt im Gras liegt. Später wird sich der Gegenstand als Zielvorrichtung einer Armbrust herausstellen, mit welcher der »Eismann« spezielle Bolzen aus Eis verschießt. Ein weiteres Rätsel ist gelöst…

Schritt für Schritt

Manche Aufgaben musst du nicht auf einen Schlag bewältigen, sondern kannst dich ihnen Schritt für Schritt nähern. Das könnte z. B. das Zurücklegen einer bestimmte Strecke sein, oder das bauen eines Hauses. Deine Arbeit bringt dich stetig weiter voran, bis du es am Ende geschafft hast. Es ist lediglich eine Frage der Zeit.

Dabei kommen erfahrene Personen ihrem Ziel schneller näher als weniger erfahrene, weil sie pro Versuch eine größere Leistung erbringen.

In solchen Fällen zählt ein Erfolgswurf der ein Ergebnis kleiner als **100** liefert, nicht als Misserfolg, sondern als **Teilerfolg (TF)**.

Erfolgswurf	Erfolg
∞–100	100%
99–97	90%
96–94	80%
93–91	70%
90–88	60%
87–85	50%
84–82	40%
81–79	30%
78–77	20%
76–75	10%
74––∞	0%

Tabelle 5: *Teilerfolg*

Aus der ermittelten Zahl lässt sich mithilfe von Tabelle 5: *Teilerfolg* ablesen, zu wie viel Prozent das gesteckte Ziel erreicht wurde.

Wenn es, logisch betrachtet, Sinn ergibt, darfst du in der nächsten Aktionsrunde erneut dein Glück versuchen und das neue Würfelergebnis einfach zum bisherigen hinzu addieren. Dies kannst du so lange wiederholen, bis du endlich eine Summe von **100%** erreicht und damit deine Aufgabe vollständig bewältigt hast, oder die Situation keine Wiederholung mehr zulässt.

Ereilt dich bei einem der Würfe jedoch ein Missgeschick, entscheidet der Spielleiter, ob damit der bisherige Erfolg ganz oder teilweise zunichte gemacht wurde, oder ob das bisher Erreichte bestehen bleibt.

Unabhängig von deinem Würfelergebnis, kann es vorkommen, dass du vor Abschluss der Arbeit unterbrochen wirst. Dann notierst du die noch fehlenden Prozentpunkte als Malus einer temporären Besonderheit für das betroffene Ziel.

Bezieht sich dies auf einen Charakter, der dennoch handeln will oder muss, z. B. einen Betrunkenen, der, bevor er wieder vollständig nüchtern ist, mit dem Auto fahren möchte, so muss der diesen Malus auf all seine davon beeinflussten Tätigkeiten anrechnen.

Ist das Ziel ein Gegenstand, der trotz Unvollständigkeit für seinen Verwendungszweck eingesetzt werden kann, z. B. eine Installationsanleitung, bei welcher noch einige Seiten fehlen, gilt dieser Malus für die Erfolgswürfe des potentiellen Benutzers.

Setzt du die Arbeit zu einem späteren Zeitpunkt fort, so addierst du das beim neuen Erfolgswurf entstehende Teilergebnis zum aktuellen Modifikator und reduzierst damit sukzessive den Malus, bis das Ziel schließlich bei **±0%** vollständig erreicht ist.

Beispiel: *Um das Computerprogramm mit der temporären Besonderheit »unvollständig (–30%) [bis programmiert]« fertig zu stellen, also ±0% zu erreichen, fehlen noch 30%. Wird es vorher bei einem Erfolgswurf eingesetzt, gilt für diesen ein Modifikator von –30%.*

Soll mit dieser Regel eine Tätigkeit simuliert werden, die Stück für Stück ein existierendes Zielobjekt zerstört oder auch eine Zielperson ruiniert, so gehst du prinzipiell genauso vor. Der Malus der temporären Besonderheit gilt auch hier für das Zielobjekt, ergibt sich in diesem Fall allerdings immer direkt aus den aufsummierten Prozentpunkten, bis die Zerstörung mit **–100%** abgeschlossen ist.

Setzt du die Arbeit nicht gleich fort, kann es je nach Situation vorkommen, dass die schon erreichten Prozentpunkte unter bestimmten Bedingungen wieder automatisch zurück gesetzt werden. Diese Bedingungen notierst du ebenfalls bei der Wirkungsdauer der temporären Besonderheit, getrennt durch einen senkrechten Strich.

Beispiel: *Der Keller mit der temporären Besonderheit »halb leer gepumpt (–50%) [bis ausgepumpt | –10%/10 min]« muss noch um 50% weitere Prozentpunkte ausgepumpt werden, bevor er bei einem Modifikator von ±0% wieder voll einsatzfähig ist. Geschieht dies nicht, läuft er pro 10 Minuten wieder um 10% voll, bis er schließlich nach 50 Minuten mit –100% bis zur Decke unter Wasser steht.*

Beispiel: *Um den Drachen mit »leicht verwundet (–30%) [bis getötet | +2%/5 h]« gänzlich seiner Gesundheit zu berauben, also –100% zu erreichen, muss er noch um weitere 70% verwundet werden. Bis dahin agiert er bei seinen Erfolgswürfen mit einem Modifikator von –30%. Wird er nicht rechtzeitig getötet, heilen seine Verletzungen alle 5 Stunden um 2%, bis er nach ca. 3 Tagen mit ±0% wieder vollständig genesen ist.*

Spielt ihr mit den Regeln aus diesem Abschnitt, so ändert sich auch die Bewertung von Aktionen, die als Kräftemessen ausgewürfelt werden. Erzielen beide Parteien einen Erfolg, so bleibt es ein Unentschieden. Ist eine Seite erfolgreich, und die andere nicht, oder haben beide einen Misserfolg, ermittelt ihr jeweils den prozentualen Erfolg. Die Partei mit dem größeren Erfolg oder Teilerfolg setzt sich durch, muss aber die Prozentzahl des Gegners von der eigenen abziehen, um die erzielte Leistung zu bestimmen. Meist ist es dann nur ein Teilerfolg, und erst bei einer Differenz von **100%** und mehr, ist das Vorhaben vollständig gelungen.

Beispiel: *Japan zur Zeit der Sengoku-Periode. Es herrscht Anarchie. Auch ein kleines Dorf in der Nähe von Osaka bekommt dies lebhaft zu spüren. Seit geraumer Zeit werden die Bewohner von »Yamasashi, einem herrenlosen Samurai (125%), unfairen, Glücksspieler (75%) und sadistischen Sklavenhändler (75%) mittleren Alters aus dem feuda-*

listischen Osaka (100%)«, und seinen Handlangern terrorisiert. Zwei Helden haben sich deshalb zusammen getan, um dem Kriegsherren das Handwerk zu legen:

»Akio, ein älterer buddhistischer Mönch (125%), weiser Kalligraph (100%) und gelassener Klostergärtner (75%) vom heiligen Berg Koyasan (100%)« und »Saburou, ein ehemaliger Krieger der Bauernaufstände (125%), furchtloser Abenteurer (75%) und enteigneter Reisbauer (75%) mittleren Alters aus dem feudalistischen Osaka (100%)«

Als sie Yamasashi endlich aufspüren, kommen die beiden gerade noch rechtzeitig hinzu, wie er mit gezogenen Waffen Saburous Vater bedroht, »einen älteren, obdachlosen Herumtreiber (125%), enteigneten Reisbauern (100%) und Jäger (75%) aus dem feudalistischen Osaka (100%)«.

Nachdem der grausame Krieger die »dahergelaufenen Lumpen« von Angesicht zu Angesicht verhöhnt hat, schließt er die Maske seines Helms und stürzt sich auf den alten Mann.

Da bei einem derartigen Hintergrund Kampfszenen nahezu unvermeidlich sind, hat sich die Spielgruppe bereits vor dem Abenteuer darauf geeinigt, wie in diesem Fall die Aktionen geregelt werden sollen. Pro »sehr kurzer« Aktionsrunde von ca. 10 Sekunden, kann jeder Kämpfer einen Gegner attackieren und sich gleichzeitig gegen die Angriffe all seiner Feinde verteidigen. Die Kampfaktionen werden dabei als Kräftemessen behandelt. Das Ergebnis gibt an, zu wie viel Prozent der Gewinner sein Ziel besiegt hat, je nach dem, ob er es töten, bewusstlos schlagen oder in einem Haltegriff festsetzen will.

Waffen, deren Reichweite nicht zu der Distanz passt, in welcher sich die Kontrahenten gegenüberstehen, stellen einen Nachteil für deren Träger dar. Überhaupt keine Waffe zu führen oder solche, die nicht direkt für das Töten gemacht sind, z. B. Stöcke gegenüber Schwertern, verursacht weniger Schaden. Rüstungen und Schilde machen es dem Angreifer schwerer, einen Gegner zu verletzen. Dies alles resultiert in negativen Modifikatoren, die der Angreifende hinnehmen muss.

Yamasashi führt in der rechten Hand ein Katana, das japanische Schwert, ausgelegt für den Kampf auf mittlere Distanz, und in der linken ein Wakizashi, das japanische Kurzschwert, ausgelegt für den Kampf auf kurze Distanz. Seine Erfolgschance beträgt 125%, aufgrund seiner Hauptbeschäftigung.

Saburous Vater versucht sich mit seinem Yari, einem japanischen Speer, zu wehren, der für den Kampf auf lange Distanz ausgelegt ist. Da die Kämpfenden sich auf freiem Feld begegnen und nicht auf beengtem Raum, bestimmt die längste Waffe die Distanz. Da alle Waffen des Samurais eine kürzere Reichweite besitzen, muss dieser einen Malus hinnehmen. Die Spieler haben hierfür –25% festgelegt, und so reduziert sich die Erfolgschance wieder auf 100%. Und da es sich um ein Kräftemessen handelt, beträgt die endgültige Erfolgschance die Hälfte davon, also 50%.

Die Erfolgschance des alten Bauern ergibt sich mangels kampfbezogener Wissensgebiete lediglich aus der Hälfte seiner Kultur, d. h. sie liegt bei 50%. Der Vorteil, den ihm seine längere Waffe bietet, drückt sich bereits durch den Malus aus, den sein Gegner hinnehmen muss. Insofern ändert sich seine eigene Chance durch die verwendete Waffe erst einmal nicht. Yamasashi trägt jedoch zwei Schwerter. Während er mit dem einen angreift, kann er mit dem anderen abwehren. Dies wirkt wie ein kleiner Schild und erschwert es seinem Gegner ihn zu treffen. Die Spieler haben deshalb festgelegt, dass der Bauer einen Malus von –15% hinnehmen muss.

Außerdem trägt der Bösewicht seine Samurai-Rüstung. Diese Konstruktion aus Stoff, hartem Leder und aufgenähten Metall-

elementen bietet durchschnittlichen Schutz gegen Schnitt- und Stichverletzungen und reduziert dadurch ebenfalls die Erfolgschance seines Gegner, ihm Schaden zuzufügen. Die Spielgruppe hat hierfür einen weiteren Malus von –50% festgelegt, was die Erfolgschance von Saburous Vater insgesamt auf –15% reduziert. Zum Glück wird diese wegen des Kräftemessens ebenfalls halbiert. Der Alte geht also mit einer Erfolgschance von –8% in die erste Aktionsrunde.

Der Spielleiter würfelt 46. Plus der Erfolgschance von 50% ergibt dies eine Gesamtleistung von 96, was laut Tabelle einen Teilerfolg von 80% bedeutet. Der Spieler des Bauern erzielt 53, zusammen mit seiner Erfolgschance von –8% eine Leistung von 45, was laut Tabelle einem Erfolg von 0% entspricht.

Der Samurai kämpft also besser. Wegen des Kräftemessens ergibt sich das Ergebnis aus der Differenz beider Teilerfolge, also 80% – 0% = 80%; eine schwere Verletzung. Der Spielleiter beschreibt, wie der Schurke dem alten Mann in die Brust sticht, und legt eine temporäre Besonderheit »schwer verwundetet (–80%) [bis getötet | +2%/5 h]« fest.

Natürlich kommt Saburou seinem Vater zu Hilfe und kämpft in der selben Aktionsrunde ebenfalls gegen den Samurai. Auch er führt einen Yari, doch da der Schurke nicht ihn, sondern den Bauern angreift, spielt die Länge von Saburous Waffe keine Rolle. Seine Hauptbeschäftigung als ehemaliger Bauernkrieger gewährt ihm eine Erfolgschance von 125% für seinen Angriff. Und wie sein Vater muss er hierauf die Mali von –15% (zweite Waffe des Gegners) sowie –50% (Rüstung des Gegners) anrechnen. Die resultierende Chance von 60% wird schließlich wegen des Kräftemessens auf 30% halbiert.

Der Spieler würfelt eine 62. Zusammen mit der Erfolgschance von 30% erzielt er damit ein Ergebnis von 92. Laut Tabelle entspricht dies einem Teilerfolg von 70%, was 10 Punkte weniger als das Ergebnis seines Gegners sind. Somit kämpft er also schlechter als dieser. Da Yamasashis Angriff sich jedoch gegen Saburous Vater richtet, erleidet der Bauernkrieger keinen Schaden, sondern wurde lediglich abgewehrt.

Zu guter Letzt greift auch Akio in den Kampf ein. Im Kloster hat er gelernt, sich im waffenlosen Nahkampf mit bloßen Fäusten und Füßen zu wehren. Diese Waffen aus Fleisch und Blut sind aber im Kampf gegen einen bewaffneten Gegner stärker der Gefahr ausgesetzt, beim Angriff selbst verletzt zu werden. Und so muss er auf seine Erfahrungsstufe von 125% einen Malus von –25% hinnehmen. Außerdem ist seine Reichweite kürzer als die des Gegners, was einen weiteren Modifikator von –25% bedeutet. Die Erfolgschance hat sich damit nun schon auf 75% reduziert. Auch gegen den Mönch kann sich der Samurai mit seiner zweiten Waffe besser verteidigen, wodurch sich die Chance seines Gegners noch einmal um –15% auf 60% verringert.

Aber das ist noch nicht alles: Hände und Füße sind deutlich weicher als Holz oder Metall und deshalb als Schlagwaffen nicht wirklich für das Töten ausgelegt. Würde Akio auf seinen Gegner einprügeln, hätte er einen Malus von weiteren –25%. Außerdem trägt Yamasashi noch seine Rüstung, ebenfalls –50%. Die endgültige Erfolgschance läge damit bei –15%. Der Spieler des Mönchs beschließt deshalb, dass dies nicht die geeignete Taktik ist. Sein Ziel ist es stattdessen, den Samurai durch Wurf- und Hebeltechniken, sowie Würgegriffe matt zu setzen, denn dabei spielen die Rüstung des Gegners und die Weichheit der natürlichen Waffen keine signifikante Rolle. Die Erfolgschance bleibt bei 60% und wird wegen des Kräftemessens auf 30% halbiert.

Der Spieler würfelt und erzielt 81. Zusammen mit der Erfolgschance ergibt dies 111, was wiederum einem vollständigen Erfolg von 100% entspricht und somit

größer ist, als der Teilerfolg des Bösewichts von 80%.

Auch Akio kann also dessen Deckung umgehen und ihn ergreifen. Das Ergebnis ist um 20 Prozentpunkte größer als das von Yamasashi, und so hat er ihn noch nicht vollständig außer Gefecht gesetzt, sondern behindert ihn nur. Der Schurke erhält eine temporäre Besonderheit »eingeschränkte Bewegungsfreiheit (–20%) [bis vollständig bewegungsunfähig | eigener Angriff erfolgreich]«.

Dies gilt solange, bis Akio entweder den Malus durch weitere Teilerfolge auf –100% vergrößert und seinen Gegner vollständig festgesetzt hat oder den Griff wegen eines misslungenen Angriffs lösen muss.

In der nächsten Aktionsrunde konzentriert Yamasashi seine Angriffe deshalb auf den Mönch. Durch seinen gelungenen Angriff hat dieser ihn in seine eigene, d. h. die kurze Distanz gezwungen. Da der Samurai aber auch für diese Entfernung eine geeignete Waffe besitzt, das Wakizashi, muss er deshalb keinen Malus hinnehmen. Dafür wird seine Erfahrungsstufe aufgrund der eingeschränkten Bewegungsfreiheit von 125% auf 105% verringert und wegen des Kräftemessens auf 53% halbiert.

Der Mönch hat in dieser Runde ebenfalls wieder einen Malus von –25%, da er immer noch unbewaffnet gegen einen Bewaffneten kämpft. Und auch der Malus von –15% aufgrund der zweiten Waffe seines Gegners bleibt bestehen. Akios Erfolgschance liegt somit bei 85% und geteilt durch zwei bei 43%.

Der Spielleiter würfelt 39, zusammen mit der Erfolgschance in Summe also 92, was einem Teilerfolg von 60% entspricht. Akios Spieler würfelt 75 und erreicht somit ein Endergebnis von 118, also wieder ein voller Erfolg von 100%.

Die Differenz liegt bei 40%, und somit hat der Mönch seinen Gegner noch besser unter Kontrolle. Die temporäre Besonderheit verändert sich um 40% auf »eingeschränkte Bewegungsfreiheit (–60%) [bis vollständig bewegungsunfähig | eigener Angriff erfolgreich]«

Und da auch Saburou in dieser Runde noch handeln darf, wird es wohl nicht mehr lange dauern, bis Yamasashi endgültig besiegt ist…

Hard-Core-Regeln

Zu viel auf einmal

Manche Arbeiten erfordern mehr Aufwand, als in einer einzigen Aktionsrunde geleistet werden kann , z. B. eine längere Strecke laufen, anstatt einiger Meter, fünf Türschlösser aufsperren, statt eines einzigen (Paranoia lässt grüßen), eine Pyramide bauen, statt eines Hauses. Zusätzliche Modifikatoren wären hier fehl am Platz. Die Tätigkeiten sind ja nicht notwendigerweise schwieriger. Es ist lediglich mehr zu tun.

Bei solchen **aufwändigen Aktionen (AA)** führst du deshalb einen ganz normalen Erfolgswurf durch, bewertest aber das Ergebnis mit der Tabelle aus Abschnitt *Schritt für Schritt* auf Seite 68, und teilst es dann durch die Anzahl an Aktionsrunden, die ein Charakter mit Erfahrungsstufe 100% unter Normalbedingungen mindestens beschäftigt wäre, um die Aufgabe vollständig abzuschließen. Wie hoch diese Anzahl ist, schätzt der Spielleiter.

Ist das Ergebnis immer noch **100%**, hat dein Charakter seine Arbeit sofort erfolgreich beendet. In der Regel wird es aber eher ein Teilerfolg sein, den dein Held Runde um Runde mit weiteren Erfolgswürfen vervollständigen muss.

Wenn die Mindestzahl an Runden, um die Aufgabe abzuschließen, größer als **20** ist, kann der Spielleiter stattdessen auch entscheiden, dass der Erfolgswurf als Einzelaktion behandelt und die Zeitspanne für die Aktionsrunde um eine oder mehrere Stufen erhöht wird.

Beispiel: *Missmutig stapft ein einsamer Mann eine schneebe-*

deckte Bergstraße im Himalaya-Gebirge entlang.

»Sir Edward Scrubwig, Professor für Sozialanthropologie an der Universität von Cambridge (125%), passionierter Schatzjäger (75%) und Schriftsteller (75%) mittleren Alters, aus gutem britischen Hause (100%)«, ist auf der Suche nach den heiligen Büchern des Manu.

Nach etlichen Stunden führt der Weg zu einer tiefen Schlucht, die nur auf einer 100 Meter langen Seilbrücke, mit schmalen Holzplanken als Lauffläche, überquert werden kann. Nichts ahnend hat Sir Scrubwig die Hälfte der Strecke zurückgelegt, als plötzlich sein Erzfeind auf der anderen Seite der Schlucht hinter einem Felsen hervorspringt.

»Oberst Dorleac, ein ehemaliger Fremdenlegionär (100%), Hobby-Archäologe (100%) und fanatischer Büchersammler (75%) mittleren Alters aus einer französischen Arbeiterfamilie (100%)«, macht sich mit einem langen Messer daran, die Halteseile der Brücke zu durchtrennen.

Auch er ist hinter den sagenumwobenen Schriftstücken her und geht für seine Ziele über Leichen.

Voller Panik teilt der Spieler mit, dass sein Held schleunigst den Rückzug antritt, um von der wackeligen Brücke herunterzukommen, bevor die ganze Konstruktion in die Tiefe stürzt.

Um die Situation spannender zu gestalten, beschließt der Spielleiter, sie mittels »aufwändigen Aktionen« abzuhandeln. Er schätzt, dass eine im Umgang mit Messern routinierte Person mindestens ein paar Sekunden benötigt, um einen dicken Strick zu durchtrennen. Als Zeitspanne für die einzelnen Aktionsrunden legt er deshalb die Größenord-

nung »sehr kurz« fest. Damit die Hängebrücke zerstört ist, sind jedoch vier Stricke zu durchtrennen. Auch ein Profi wird in einer Runde höchstens zwei davon schaffen. Es wird also mindestens zwei Runden dauern, bis die gesamte Arbeit erledigt ist. Die Ergebnisse, die Dorleac bei jedem einzelnen Erfolgswurf erzielt, müssen somit durch zwei geteilt werden.

Auch das Rennen des Helden simuliert die Spielgruppe mittels »aufwändiger Aktionen«. Der Professor befindet sich in der Mitte der 100 Meter langen Brücke und muss somit 50 Meter zurück laufen, bis er in Sicherheit ist. Ein trainierter Sprinter benötigt für diese Strecke ca. 5 Sekunden), d. h. er kann es in einer »sehr kurzen« Aktionsrunde schaffen. Die Würfelergebnisse werden also durch eins geteilt, sprich sie bleiben unverändert. Dies gilt jedoch unter normalen Laufbedingungen, d. h. mit leichter Kleidung auf fester Straße. Hier auf der wackeligen Seilkonstruktion mit größeren Spalten zwischen den Planken, in die man nicht hineintreten sollte, mit dicker Kleidung und mit dem schweren Rucksack auf dem Rücken, findet Sir Scrubwig alles andere als solche Laufbedingungen vor. Der Spielleiter legt deshalb einen Malus von –50% für diese Aktion fest.

Und damit beginnt die erste Aktionsrunde. Der Spielleiter würfelt für seinen Nicht-Spieler-Charakter 55. Die Erfolgschance von 100%, die sich aus der Erfahrungsstufe des Fieslings ergibt, erhöht das Ergebnis auf 155, was einem Erfolg von 100% entspräche. Wegen der »aufwändigen Aktionen« wird dieses Ergebnis durch zwei geteilt und reduziert sich auf 50%. Die ersten beiden Halteseile sind durchtrennt und Dorleac säbelt bereits am dritten herum.

Nun ist Sir Scrubwig an der Reihe. Seine Rolle beinhaltet zwar kein Wissensgebiet, das sich speziell mit dem Rennen beschäftigt, als Mensch ist er aber von klein auf gewöhnt, seine Beine zur Fortbewegung zu benutzen. Und so verwendet der Spieler die Erfahrungsstufe von 100%, die sich der Charakter in seiner Kultur/Spezies angeeignet hat. Reduziert um den Malus von –50% bedeutet dies eine Erfolgschance von 50%. Der Spieler würfelt 27 und erzielt somit ein Gesamtergebnis für diese Runde von 77.

Mit der Tabelle wird dies in einen Teilerfolg von 20% umgerechnet. Geteilt durch eins bleibt dies zwar unverändert, doch der Professor hat vor Schreck noch nicht einmal ein Viertel der nötigen Strecke zurückgelegt.

Die zweite Aktionsrunde beginnt, und der Spielleiter würfelt erneut für den üblen Widersacher. Diesmal zeigt der Würfel 92, was plus 100% zu einem Ergebnis von 192 führt. Dies wäre wieder ein 100%iger Erfolg, und geteilt durch zwei sind es die noch fehlenden 50%. Auch die letzten zwei Seile sind somit durchtrennt. Aber erst am Ende der Aktionsrunde.

Vorher darf auch der Spieler noch für seinen Charakter würfeln. Und diesmal hat er mehr Glück. Der Würfel zeigt eine 48, was zusammen mit der Erfolgschance von 50% ein Endergebnis von 98 bedeutet und zu einem Teilerfolg von 90% umgerechnet wird. Zusammen mit den 20% aus der vorherigen Runde sind dies 110%, und somit hat auch der Held sein Ziel erreicht.

In letzter Sekunde springt der Professor auf den rettenden Felsen, gerade in dem Augenblick, als die zerstörte Brücke in die Tiefe stürzt. Bösartig lachend und voller Freude über das Chaos, das er angerichtet hat, rennt Oberst Dorleac von dannen…

Groß und klein

Manchmal kann es vorkommen, dass sich die Abenteuer eurer Charaktere in einem Umfeld abspielen, dessen Maßstab mehr oder weniger deutlich vom typisch menschlichen Blickwinkel abweicht.

Eventuell erleben sie ja die Action aus dem Cockpit ihres haushohen Mechs, vielleicht bestreiten sie auch spannende Schlachten in ihren Raumjägern oder aber sie krabbeln als Ameisensoldaten im Insektenreich umher.

Wenn dabei für alle Teilnehmer die gleichen Verhältnisse gelten, müsst ihr in solchen Szenarien nichts weiter beachten.

Sollten eure Charaktere in ihren Abenteuern jedoch einmal mit Gegenständen, Fahrzeugen oder NSCs in Berührung kommen, die von ihren physikalischen Ausmaßen eigentlich in ganz anderen Größenordnungen liegen, z. B. wenn sie als Menschen in das Land der Riesen kommen, mit seinen übergroßen Möbeln und Werkzeugen, oder wenn sie mit ihrem Großkampfschiff versuchen, die kleinen Raumjäger der Piraten auszumanövrieren, dann kann es sinnvoll sein, die unterschiedlichen Verhältnisse zu berücksichtigen.

Als Spielleiter kannst du dazu die relevanten Dinge, Wesen und Gegebenheiten, je nach Situation in verschiedene **Größenklassen (GK)** einteilen, welchen wiederum feste Größenzahlen zugeordnet sind. Eine ausführliche Liste findest du in Tabelle 1: *Größenklassen*.

Kommt es dann zu Erfolgswürfen, bei welchen die Größe und die damit verbundene Kraft, Masse oder Robustheit eine Rolle spielen, beeinflusst das Verhältnis dieser Zahlen das erzielte Ergebnis.

Soll ein menschlicher Schneider z. B. eine Hose für einen elefantengroßen Troll anfertigen, wird er, im Vergleich zu seinen üblichen Kunden, etwa das Zehnfache an Material und Zeit benötigen. Das Ergebnis aus einem einzelnen, dazugehörigen Erfolgswurf darf deshalb auch nur etwa $\frac{1}{10}$ der normalerweise erzielten Leistung betragen, d. h. dem Verhältnis der menschlichen Größenklasse zur Größenklasse des Trolls: 1:10.

Um also das tatsächliche Ergebnis eines Erfolgswurfes in einer solchen Situation zu ermitteln, setzt du einfach die Größenzahl, welche der Größenklasse des Agierenden zugeordnet ist, mit der Größenzahl, die der Größenklasse des Ziels zugeordnet ist, ins Verhältnis. Mit diesem Faktor multiplizierst du dann das gewürfelte Ergebnis.

Auf diese Weise kann es wieder zu Teilergebnissen kommen, wie in Abschnitt *Zu viel auf einmal* auf Seite 78 beschrieben, da die benötigten 100% häufig nicht mehr mit einem einzigen Wurf erreicht werden können.

In obigem Beispiel wird der Spieler durchschnittlich 10 mal würfeln müssen, um die Hose des Trolls fertigzustellen.

Größen-klasse	Beispiele Lebewesen	Gegenstand	Raumschiffe	Größen-zahl	MF
Riesig	Blauwal	Wachturm	mondartige Raumstation	100	−100%
Extrem groß	Elefant	Steinmauer	Großkampfschiff	10	−75%
Sehr groß	Pferd	Scheunentor	Kampfschiff	4	−50%
Groß	Braunbär	Baumstamm	Raumfrachter	2	−25%
Mittel	Mensch	Bierfass	Raumjäger	1	±0%
Klein	Wolf	Fernseher	Mech	1/2	+25%
Sehr klein	Katze	Laptop	Landgleiter	1/4	+50%
Extrem klein	Ratte	Flasche	zweiradartiger Gleiter	1/10	+75%
Winzig	Maus	Apfel	Charakter	1/100	+100%

Tabelle 1: *Größenklassen*

Bezieht sich der Erfolgswurf auf ein sich bewegendes Ziel, muss der agierende Charakter zusätzlich den Modifikator seiner eigenen Größenklasse addieren und den Modifikator der Größenklasse des Ziels abziehen. Dies soll die schlechtere Wendigkeit, aufgrund größerer Masse symbolisieren, bzw. die schlechtere Erfassbarkeit des kleinen Ziels, das einem leichter durch die Finger oder auch zwischen den Beinen hindurch schlüpft.

Auch diese Modifikatoren findest du in Tabelle 1: *Größenklassen*.

Beispiel: *Die Zwillinge Ti-Mak und Vi-Mak sind mit ihrem Frachter in eine Kontrolle der galaktischen Grenzpatrouille geraten. Da sie Schmuggelware im Wert von 20.000 Krediteinheiten an Bord haben, können sie sich eine Durchsuchung nicht leisten und flüchten.*

Während die verzweifelten Banditen versuchen, dem schwer bewaffneten Kampfschiff in einem rasanten Zick-Zack-Kurs solange zu entkommen, bis der Navigationscomputer den Hyperraumkurs berechnet hat, eröffnen die Hüter des Gesetzes das Feuer.

Da die Zwillinge auf einem Ausweichkurs fliegen, legt der Spielleiter für die Erfolgswürfe der Kanoniere der Patrouille einen Modifikator von –50% fest. Zusammen mit ihrer Erfahrungsstufe von 100% haben sie damit eine Erfolgschance von 50%.

Da beide Schiffe sich aber außerdem noch in unterschiedlichen Größenklassen befinden und es sich um ein sich bewegendes Ziel handelt, berechnet der Spielleiter folgenden zusätzlichen Modifikator: –50% (Kampfschiff, GK »Sehr groß«) minus –25% (Raumfrachter, GK »Groß«) ergibt –25%.

Die Erfolgschance reduziert sich damit weiter auf 25%. Für die Kanoniere ist es also schwieriger, den kleineren, wendigeren Frachter zu treffen, als ein gleichgroßes Kampfschiff. Gelingt es ihnen aber doch, so wird das Ergebnis wegen der unterschiedlichen Größenklassen mit dem Faktor aus den Größenzahlen multipliziert: mal 4 (Kampfschiff, GK »Sehr groß«) geteilt durch 2 (Raumfrachter, GK »Groß«) ergibt 2.

Der Spielleiter würfelt anschließend den Erfolgswurf für die erste Salve der Gesetzeshüter und erzielt eine 37. Zusammen mit der Erfolgschance von 25% erhält er als Ergebnis 62. Laut der Tabelle für Teilerfolge entspricht dies einer Zielerreichung von 0%. Die Schüsse gingen also daneben und die Banditen hatten in der ersten Aktionsrunde Glück.

Doch das Kampfschiff feuert weiter auf sie. In der zweiten Runde würfelt der Spielleiter eine 56. Zusammen mit der Erfolgschance von 25% erhält er als Ergebnis 81. Laut Tabelle entspricht das diesmal einem Teilergebnis von 30%, ein Treffer. Multipliziert mit dem Faktor 2, der aufgrund der unterschiedlichen Größenklassen berechnet wurde, verändert sich dies zu 60%.

Der Schaden ist also doppelt so groß, wie bei einem Treffer durch ein Schiff der eigenen Größenklasse. Und so kommen Ti-Mak und Vi-Mak während ihres wilden Flugs ganz schön ins Schwitzen…

Team vs. Team

Manchmal kommt es vor, dass ganze Gruppen von Charakteren gemeinsam handeln, um ein Ziel zu erreichen, zum Beispiel bei Sport-Matches mit mehreren Mannschaften.

Willst du solche Szenen, wie üblich als koordinierte Aktionen behandeln, bei welchen jeder Beteiligte einen Erfolgswurf durchführt, und alle Einzelergebnisse addiert werden,

so kann dies, je nach Anzahl der Charaktere, eine ganz schöne Würfelei bedeuten.

Gaudium Ludendi bietet dir als Spielleiter deshalb die Möglichkeit, solche Szenarien als **Massenaktion (MA)** zu behandeln.

Hierzu errechnet ihr eine Art Durchschnitt über die Erfahrungsstufen der beteiligten Charaktere, indem ihr sie alle addiert, dann aber durch die Anzahl der Personen teilt, welche typischerweise an einer solchen Aktion beteiligt wären.

Anschließend würfelt ihr für die gesamte Gruppe nur einen einzigen Erfolgswurf und verwendet die soeben ermittelte, gemeinsame Erfahrungsstufe, um das Ergebnis der Aktion zu bestimmen.

Wie groß die Zahl ist, durch welche du die aufsummierten Erfahrungsstufen teilst, hängt stark von der Situation ab.

Wenn die Aktion von der Art ist, dass die Charaktere zwar zusammen arbeiten, sich die erzielte Leistung dadurch jedoch nicht erhöht, teilst du durch die exakte Anzahl der Beteiligten, d. h. du berechnest einen echten Durchschnitt. Die fähigeren Helden müssen sich zurücknehmen, um Rücksicht auf die weniger leistungsfähigen zu nehmen, oder sie müssen deren fehlende Erfahrung durch ihre eigene kompensieren.

Du kannst dir z. B. eine Pilgergruppe vorstellen, die gemeinsam versucht, möglichst schnell im nächsten Wallfahrtsort anzukommen. Nur weil es zehn Leute sind, werden sie nicht schneller laufen können. Eher das Gegenteil ist der Fall, denn die Schnellen müssen auf die Langsameren warten. Aber da die Gruppe sich wie eine einzelne Person fortbewegt, reicht es aus, dies mit einem einzigen, gemeinsamen Erfolgswurf abzuhandeln.

Bei Aktionen, in welchen die Anzahl der Personen direkten Einfluss auf die Höhe der Leistung hat, teilst du die aufsummierten Erfahrungsstufen durch die Anzahl an Personen, mit welchen die Tätigkeit üblicherweise ausgeführt wird, unabhängig davon, wie viele Charaktere tatsächlich beteiligt sind.

Auf diese Weise besitzt die Gruppe einen Vorteil, wenn mehr Personen als üblich zusammen helfen, bzw. einen Nachteil, wenn es weniger sind. Eine Gruppe von ägyptischen Pyramidenarbeitern kann einen Steinquader umso schneller und leichter transportieren, je mehr Arbeiter an den Seilen ziehen.

Wie hoch die übliche Anzahl an Beteiligten ist, kann von außen vorgegeben sein oder von dir willkürlich festgelegt werden, aber es muss für alle Massenaktionen der selben Art immer gleich sein.

Manche Modifikatoren, die beim Erfolgswurf zum tragen kommen, können sich auf einzelne Helden beziehen. In diesem Fall addierst du sie zur gesamten Erfahrungsstufe, bevor du diese teilst. Andere Modifikatoren können sich auf die ganze Gruppe beziehen. Diese addierst du, nachdem du das Ergebnis geteilt hast.

Beispiel: *Das Regional-Derby der beiden Ortschaften Oberschlechting und Unterallersau steht in diesem Jahr unter keinem guten Stern. Doch das tut es eigentlich nie. Der Stimmung im Eisstadion tut das trotzdem keinen Abbruch, zumal der Glühwein in Strömen fließt und die meisten Zuschauer sowieso nicht gekommen sind, um ein sauberes Eishockey-Spiel zu verfolgen. Stattdessen schließen sie Wetten ab, welcher Spieler diesmal (als erster) im Krankenhaus landet.*

Die »Fivers«, wie die Gäste aus Unterallersau auch genannt werden, da von den eigentlich sechs Spielern auf dem Eis immer irgendeiner auf der Strafbank sitzt, haben heute mit einem zusätzlichen Problem zu kämpfen. Ihr Torwart ist seit der Begegnung mit einem anderen Verein immer noch etwas angeschlagen und spielt mit der temporären Besonderheit »leicht verletzt (–25%) [bis k. o. | +2%/5 h]«.

Die Oberschlechtinger »Snowmen« genießen Heimvorteil, was sich durch einen Modifikator von +25% für die gesamte Mannschaft ausdrückt, und den können sie auch gut gebrauchen, denn wie üblich haben sie den erhofften Sieg in der vergangenen Nacht bereits ausgiebig vorgefeiert.

Jetzt ist fast die ganze Mannschaft ziemlich verkatert, bzw. immer noch ein bisschen high. Sie müssen deshalb alle eine temporäre Besonderheit »stoned (–25%) [bis k. o. | +15%/5 h]« hinnehmen. Die Mannschaft hat eben ihren Beinamen nicht von ungefähr.

Die Spieler ermitteln jeweils für ihre Mannschaft die aktuelle, gemeinsame Erfolgschance, denn sie haben beschlossen, die nötigen Erfolgswürfe als Massenaktionen durchzuführen.

Da die Dauer eines Eishockey-Spiels bei 60 Minuten Spielzeit liegt, legt der Spielleiter weiterhin fest, dass diese nicht in die, bei einem echten Spiel üblichen, 3 mal 20 Minuten eingeteilt wird, sondern in 6 Aktionsrunden mit »kurzer« Dauer, also je 10 Minuten. Dadurch wird pro Drittel zwei mal gewürfelt und die unterlegene Mannschaft hat jeweils eine Möglichkeit zum Ausgleich.

Jede Runde wird dabei als Kräftemessen behandelt, weswegen die errechneten Erfolgschancen jeder Mannschaft noch einmal halbiert werden müssen.

Die Spieler der »Fivers« haben in ihren Rollen folgende Nebenbeschäftigungen notiert:

1 mal »Torwart (75%)« (der einen Malus von –25% wegen seiner Verletzung hinnehmen muss)

1 mal »Verteidiger (75%)«

1 mal »Verteidiger (25%)«

3 mal »Stürmer (75%)« (von denen einer natürlich auf der Strafbank sitzt, und das schon zu Beginn des Spiels – eine echte Meisterleistung)

Da ja eine Mannschaft normalerweise aus 6 Spielern besteht, einer von ihnen aber auf der Strafbank sitzt, ergibt sich für die

Mannschaft folgende aufgerechnete Erfolgschance:

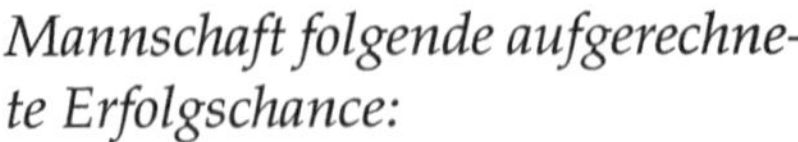

$$\frac{(75-25)+75+25+2\cdot 75}{6} = 50$$

Halbiert bedeutet das eine endgültige Erfolgschance von 25%.

Für die Heimmannschaft gelten folgende Nebenbeschäftigungen:

1 mal »Torwart (50%)«
2 mal »Verteidiger (75%)«
1 mal »Stürmer (75%)«
2 mal »Stürmer (50%)«

Alle Spieler erhalten einen Modifikator von –25%, da sie noch immer stoned sind. Lediglich der Torwart ist immun gegen die negativen Einflüsse der letzten Nacht (er hätte eher ohne sie Probleme).

Und so ergibt sich zusammen folgende Erfolgschance:

$$\frac{50+3\cdot(75-25)+2\cdot(50-25)}{6} = 41$$

Darauf erhält die Mannschaft noch den Bonus von +25%, aufgrund des Heimvorteils, insgesamt also 66%. Halbiert, wegen des Kräftemessens, ergibt dies 33%.

Dann kommt endlich der Anpfiff und die erste Aktionsrunde beginnt. Der Spieler für die Mannschaft aus Unterallersau würfelt 53. Zusammen mit der Erfolgschance von 25% also 78, ein Misserfolg. Dann ermittelt der andere Spieler, ob es die Oberschlechtinger besser machen. Er würfelt 67, und mit der hinzu gezählten Erfolgschance von 33%, stürmt seine Mannschaft mit einer Leistung von 100 auf ihre Gegner zu. Gerade so ein Erfolg.

Wegen des Misserfolges der »Fivers« setzen sich die »Snowmen« in dieser Runde also durch, und so kracht der Puck zum ersten Mal

ins Tor (was gleichzeitig auch den ersehnte Anlass für die erste Keilerei darstellt)…

Multitasking

Wenn es in der jeweiligen Situation sinnvoll ist, und der Spielleiter zustimmt, kannst du entscheiden, dass dein Charakter in einer Aktionsrunde mehrere **gleichzeitige Aktionen (GA)** ausführt.

Da der Held seine Konzentration auf alle Aktionen aufteilen muss, musst du auch die Erfolgschancen für jede einzelne Aktion durch die Anzahl der gleichzeitig ausgeführten Tätigkeiten teilen.

Anschließend würfelst du der Reihe nach die Erfolgswürfe für alle Aktionen, und bestimmst jeweils unabhängig voneinander das Ergebnis.

Beispiel: *Seit der geheimnisvolle Schwarzmagier Bokor Lanmò die Île de la Tortue, nördlich von Haiti unter seine Kontrolle gebracht hat, verbreitet er dort Angst und Schrecken. Durch einen mächtigen Voodoo-Zauber erweckte er unzählige Zombies von den Toten, die nun die restliche Bevölkerung bedrohen.*

»Papé Preux, ein älterer Taxifahrer (125%), Jäger (100%) und Kompa-Musiker (75%) aus dem karibischen Haiti (100%)«, macht sich deshalb auf, um der Plage ein Ende zu setzen.

Mit seiner treuen Vorderschaftrepetierflinte im Anschlag rennt er nun durch eine Gasse, dicht gefolgt von einer Gruppe Zombies.

Plötzlich tauchen auch vor ihm einige stöhnende Untote auf. Würde er anhalten, so vermutet er, könnten ihn seine Verfolger einholen. Deshalb entschließt er sich dazu, während des Rennens auf die Gegner vor sich zu schießen.

Aus Sicht des Spielleiters sind dies zwei gleichzeitige Aktionen, und so muss der Spieler zwei Erfolgswürfe durchführen. Für die Zombies würfelt der Spielleiter ebenfalls. Wenn sie besser rennen als der Held, holen sie ihn ein, wenn nicht, kann dieser seinen Vorsprung halten.

Da die Untoten, allgemein nicht die schnellsten, auch keine besonderen Wissensgebiete besitzen, die ihnen beim Rennen helfen, geht der Spielleiter von einer Erfolgschance von 25% aus. Die-

se ergibt sich aus der Hälfte einer typischen Erfahrungsstufe von 100% im Bereich Kultur/Spezies, also 50%, reduziert um weitere 25% wegen der Langsamkeit.

Papés Rolle enthält ebenfalls keine speziellen Wissensgebiete, die mit rennen zu tun haben. Deshalb nimmt auch der Spieler die Hälfte der Erfahrungsstufe seiner Kultur/Spezies, also 50%. Für den Umgang mit dem Gewehr jedoch, darf er die volle Erfahrungsstufe von 100% als Jäger verwenden. Da es sich um eine Schrotflinte mit einer breiten Streuung handelt, die das Zielen erleichtert, darf er die Chance um 25% erhöhen, auf 125%.

Beide Zahlen, die 50% und 125%, werden aber noch einzeln durch die Anzahl der gleichzeitig ausgeführten Aktionen geteilt, also 2. Der Spieler muss somit einen Erfolgswurf mit einer Chance von 25% für das Rennen, und einen mit 63% für das Schießen bestehen, keine leichte Sache…

Noch mehr Details...

Wenn dir die Aufteilung der Erfahrungsstufen, so wie sie in Abschnitt *Mehr Details…* auf Seite 57 beschrieben wurde, immer noch nicht differenziert genug ist, bietet dir *Gaudium Ludendi* noch eine dritte Möglichkeit der Charaktererschaffung.

Dabei verwendest du keine groben Altersklassen, um die Erfahrungsstufen für die einzelnen Wissensgebiete festzulegen, sondern das exakte Alter, zusammen mit der ausführlicheren Tabelle 2: *Detaillierte Erfahrungsverteilung*.

Die Tabelle ist in die selben Alterskategorien eingeteilt, wie die in Abschnitt *Mehr Details…* auf Seite 57, aber nun gibt es mehrere Erfahrungsverteilungen für die verschiedenen Altersstufen.

Die Zahlen in Klammern kannst du als Spielleiter anstelle der davorstehenden Werte verwenden, wenn Du mit dieser Methode Nicht-Spieler-Charaktere erstellst, die weniger mächtig sein sollen als Spieler-Charaktere.

Die Zeile mit den fett gedruckten Zahlen stellt die typische Person in der jeweiligen Kategorie dar, die Zeile mit dem geringsten Alter repräsentiert die niedrigsten Werte, die ein Charakter dieser Kategorie haben sollte, und die Zeile mit dem höchsten Alter die maximalen Erfahrungsstufen.

Die niedrigen Werte für Kinder ergeben sich aus der kürzeren Lebenserfahrung, sowie der noch nicht vollständig entwickelten körperlichen und geistigen Fähigkeiten.

Als ältere Person oder Greis, hingegen, erreicht dein Charakter ein breiteres Wissen aufgrund größerer Lebenserfahrung, was sich in einer zusätzlichen Nebenbeschäftigung ausdrückt. Andererseits beginnen Körper und Geist langsam zu degenerieren, und hochspezialisierte Fähigkeiten gehen aufgrund mangelnden Gebrauchs zurück, was die zusätzlich gewonnene Erfahrung wieder zunichte macht.

Handelt es sich bei den zu erschaffenden Charakteren um Tiere, so sind diese Regeln vermutlich zu aufwändig.

Kategorie	Jahre	K/S [%]	HB [%]	NB [%]	NB [%]	NB [%]
Greis	**∞–79**	**75**	**100**	**100 (75)**	**75 (50)**	**50**
	78–75	80	105	100 (75)	75 (50)	40
	74–71	85	110	100 (75)	75 (50)	30
	70–67	90	115	100 (75)	75 (50)	20
	66–63	95	120	100 (75)	75 (50)	10
Ältere Person	**62–59**	**100**	**125**	**100 (75)**	**75 (50)**	–
	58–55	100	125 (120)	95 (75)	75 (50)	–
	54–51	100	125 (115)	90 (75)	75 (50)	–
	50–47	100	125 (110)	85 (75)	75 (50)	–
	46–43	100	125 (105)	80 (75)	75 (50)	–
Mittleres Alter	**42–39**	**100**	**125 (100)**	**75**	**75 (50)**	–
	38–35	100	120 (95)	75 (70)	70 (50)	–
	34–31	100	115 (90)	75 (65)	65 (50)	–
	30–27	100	110 (85)	75 (60)	60 (50)	–
	26–23	100	105 (80)	75 (55)	55 (50)	–
Erwachsener	**22–20**	**100**	**100 (75)**	**75 (50)**	**50**	–
	19	100 (95)	85 (65)	75 (50)	50	–
	18	100 (90)	70 (55)	75 (50)	50	–
	17	100 (85)	55 (45)	75 (50)	50	–
	16	100 (80)	40 (35)	75 (50)	50	–
Jugendlicher	**15**	**100 (75)**	**25**	**75**	**50**	–
	14	95 (75)	20	70 (50)	50 (45)	–
	13	90 (75)	15	65 (50)	50 (40)	–
	12	85 (75)	10	60 (50)	50 (35)	–
	11	80 (75)	5	55 (50)	50 (30)	–
Kind	**10**	**75**	–	**50**	**50 (25)**	–
	9	70	–	45	45 (20)	–
	8	65	–	40	40 (15)	–
	7	60	–	35	35 (10)	–
	6	55	–	30	30 (5)	–
Kleinkind	**5**	**50**	–	**25**	**25 (–)**	–
	4	40	–	20	20 (–)	–
	3	30	–	15	15 (–)	–
	2	20	–	10	10 (–)	–
	1	10	–	5	5 (–)	–
Baby	**0**	**0**	–	–	–	–

Tabelle 2: *Detaillierte Erfahrungsverteilung*

Hier ist es praktischer, weiterhin wie in Abschnitt *Mehr Details…* auf Seite 57 vorzugehen, denn normalerweise kann jedes Tier genau das was es fürs Überleben braucht, egal wie schnell oder langsam sein Leben vergeht. Willst du trotzdem mehr Details, so kannst du Tabelle 3: *Detaillierte ES – Tiere* zurate ziehen.

Die angegebenen Jahre sind grobe Richtwerte und orientieren sich an höheren Säugetieren. Dass die Erfahrungsstufen hier schneller erreicht werden, als bei Menschen, bedeutet nicht, dass Tiere in der gleichen Zeit mehr lernen als Menschen. Ihre Wissensgebiete umfassen einfach weit weniger Tätigkeiten und weit weniger komplexes Wissen als die von Menschen. Dadurch können Tiere diese wenigen Aktionen schneller auf ein höheres Niveau bringen.

Tiere, denen ein Großteil der fürs Überleben nötigen Fähigkeiten angeboren ist (z. B. Netze weben bei Spinnen), erhalten zusätzlich eine Besonderheit mit einem Modifikator von **+50%**.

Dieser wird bei allen Aktionen aus dem Bereich Kultur/Spezies, eventuell auch der Hauptbeschäftigung, angerechnet. Er repräsentiert das genetische Wissen dieser Spezies, und bewirkt, dass auch Tiere, die in weniger als einem Jahr ausgewachsen sind, eine brauchbare Erfahrungsstufe erhalten, um in ihrem Lebensraum überleben zu können.

Kategorie	Jahre	K/S [%]	HB [%]	NB [%]
Altes Tier	**∞–20**	**75**	**75**	**50**
	19–17	80	80	40
	16–14	85	85	30
	13–11	90	90	20
	10–8	95	95	10
Tier	**7–5**	**100**	**100**	–
	4	100	75	–
Jungtier	**3**	**75**	**50**	–
	2	75	25	–
Tierkind	**1**	**50**	–	–
Tierbaby	**0**	**0**	–	–

Tabelle 3: *Detaillierte ES – Tiere*

Beispiel: *Narben-Charlie ist mit seinen 50 Jahren der älteste Leibwächter des Paten. Und gerade wegen dieser langen Erfahrung im Gangstermilieu im Chicago der dreißiger Jahre und wegen seiner stoischen Ruhe schätzt dieser ihn so sehr.*

Um diesen NSC mit detaillierten Erfahrungsstufen zu erschaffen, verwendet der Spielleiter die Zeile für das Alter zwischen 47 und 50 Jahren.

Da er in dieser Kampagne die Helden etwas mächtiger gestalten möchte als die NSCs, verwendet er für Narben-Charlie die Zahlen in Klammern, wo vorhanden. Diese sind 100% für Kultur/Spezies, 100% für die Hauptbeschäftigung, 85% für die erste Nebenbeschäftigung und 50% für die zweite.

Somit notiert er folgende Rolle:

»Narben-Charlie, der stoische Leibwächter des Paten (100%), Fluchtwagenfahrer (85%) und passabler Geigenspieler (50%) mittleren Alters, aus dem Chicago der dreißiger Jahre (100%)«

Als solcher lässt er nun seine Fingerknöchel knacken und klopft beherzt an die Tür zum Appartement der Heldentruppe…

…ganz nach Belieben

Die in Abschnitt *Noch mehr Details…* auf Seite 91 angegebenen Erfahrungsverteilungen repräsentieren eine durchschnittliche Person des jeweiligen Alters. Wenn der Spielleiter zustimmt, kannst du, ausgehend von dieser Verteilung, einzelne Punkte zwischen den Wissensgebieten verschieben, um eine andere Verteilung zu erreichen. Wenn es Sinn ergibt, kannst du sogar Nebenbeschäftigungen ganz entfernen oder neue hinzunehmen.

Dabei muss die Summe der Erfahrungsstufen natürlich immer gleich bleiben.

Außerdem darf der Wert für Kultur/Spezies niemals größer als **100%** werden, und der von anderen Wissensgebieten niemals höher als **175%**.

Wenn es der Spielleiter erlaubt, kannst du für deinen Charakter eine Erfahrungsverteilung wählen, die außerhalb der Grenzen für dessen Alterskategorie liegt. Diese ungewöhnliche Entwicklung sollte dann aber im Hintergrund des Charakters erklärt werden.

Beispiel: *Salt Lake City im Jahre 2021. Vor 40 Jahren hatte die Atombombe dem kalten Krieg ein Ende gesetzt und Amerika wieder ins Mittelalter zurückgeworfen.*

Seitdem kämpfen die letzten verbliebenen Menschen als kleine Dorfgemeinschaften in der postapokalyptischen und lebensfeindlichen Umwelt ums Überleben.

Eine von ihnen ist die 14-jährige Lizzy. Obwohl sie erst ein Teenager ist, muss sie sich bereits als alleinerziehende Ersatzmutter um ihre kleinere Schwester Amy kümmern und für den gemeinsamen Lebensunterhalt sorgen.

Für eine unbeschwerte Kindheit mit Schule und Hobbys bleibt da nicht viel Zeit. Der Spielleiter erlaubt deshalb Lizzys Spieler, die 235 Erfahrungspunkte, die einer 14-Jährigen zur Verfügung stehen, so zu verteilen, dass das Mädchen eine Hauptbeschäftigung erhält, wie es normalerweise erst eine erwachsene Frau täte.

Und somit notiert der Spieler folgende Rolle:

»Lizzy Hope, eine jugendliche Schrottsammlerin (75%) und tapfere Ersatzmutter (65%) aus dem postapokalyptischen Salt Lake City (95%)«

Mutig nimmt das Mädchen seine Schwester bei der Hand, schnappt sich mit der anderen den Leiterwagen, und gemeinsam machen sich die beiden auf den Weg in die Wildnis von Utah…

Junges Alien, alter Elf

Die Zuordnung von Alter und Alterskategorie in den Tabellen von Abschnitt *Noch mehr Details…* auf Seite 91 geht von typischen Menschen, bzw. höher entwickelten Tieren aus. Spielst du jedoch einen Charakter, für dessen Spezies ganz andere Zuordnungen gelten, so verwendest du die Erfahrungsverteilung aus Tabelle 2: *Detaillierte Erfahrungsverteilung*, die dessen echtem Alter in Jahren entspricht.

Für ein 18-jähriges Elfenmädchen zum Beispiel, das in deiner Geschichte noch als Kind zählt und erst mit 50 erwachsen ist, verwendest du trotzdem die Tabellenzeile mit dem Alter 18, obwohl dieses nach menschlichen Maßstäben bereits als erwachsen gilt.

Die in dieser Zeile angegebenen Prozentpunkte der Erfahrungsstufen verteilst du dann so um, dass alle Wissensgebiete (inklusive Modifikatoren durch angeborene Besonderheiten) innerhalb der Grenzen der Alterskategorie des Charakters liegen, auch wenn diese laut Tabelle nicht zum echten Alter passt.

Für unser Elfenkind muss also die Kultur/Spezies zwischen 65 und 85 liegen, die Hauptbeschäftigung zwischen 0 und 10. Die restlichen Punkte verteilen sich auf Nebenbeschäftigungen.

Auf diese Weise besitzen Charaktere, die sich langsamer entwickeln, mehr Erfahrungsstufen als erwachsene Menschen. Schließlich haben sie mehr Zeit, um Lebenserfahrung zu sammeln. Da sie aber, aufgrund ihres noch nicht vollständig entwickelten Körpers und Geistes, bestimmte Maximalwerte für ihre Wissensgebiete nicht überschreiten dürfen, müssen ihnen gegebenenfalls weitere Nebenbeschäftigungen hinzugefügt werden.

Andererseits haben Kinder einer Spezies, die sich schneller entwickelt, im Erwachsenenalter weniger Erfahrungsstufen zur Verfügung. Und da sie diese vorrangig auf ihre Kultur/Spezies legen müssen, um die Grenzen ihrer Alterskategorie einzuhalten, bleiben ihnen weniger Punkte für die Erfahrung übrig, die sie in anderen Wissensgebieten gemacht haben. Eventuell müssen dabei Nebenbeschäftigungen oder sogar die Hauptbeschäftigung ganz entfallen.

Dies repräsentiert gleichzeitig die unterschiedlichen Interessen von Kindern und Erwachsenen. Wenn der Charakter eine längere Kindheit genießen kann, kann er sich mehr um seine Hobbys kümmern als um seine Kultur. Hat er weniger Zeit, um erwachsen zu werden, hat er auch weniger Zeit für Hobbys und sein Lernen konzentriert sich mehr auf die notwendigen Fähigkeiten, die ein Erwachsener seiner Kultur benötigt.

Zu Gunsten der Spielbalance, bleibt die maximal erreichbare Summe an Erfahrungsstufen für alle Spezies bei **400%** (Tiere **200%**), auch für solche, die eigentlich langlebiger als

Menschen wären, und damit auch erst später einer Degeneration von Körper und Geist unterlägen, wenn überhaupt.

Um dies zu erklären, nimmt *Gaudium Ludendi* an, dass solche Charaktere zwar in ihrem Leben viel mehr gelernt, das Wissen aus früheren Lebensphasen in späteren Jahren aber wieder vergessen haben. Denn um auf einem Gebiet ein bestimmtes Niveau zu halten, müssen die entsprechenden Tätigkeiten regelmäßig ausgeführt und trainiert werden. Und hierfür steht langlebigen Spezies pro Tag genauso viel Zeit zur Verfügung wie kurzlebigen.

Beispiel: *Hauptmann Iik-Nakk kauert hinter einer kleinen Düne und blickt mit seinen Facettenaugen starr und angestrengt durch den Feldstecher.*

Ein weiterer Raumgleiter der haarlosen Affen vom Planeten Terra ist gelandet. Seit diese Eindringlinge seinen Heimatplaneten, den sie seltsamerweise Gliese 581g nennen, für sich beanspruchen, versuchen sie alles, um sein Volk zu vernichten.

Doch die zähen Insektoiden machen es den Eindringlingen nicht leicht, denn die Evolution hat sie mit recht effizienten Fähigkeiten ausgestattet. Verglichen mit den Terranern ist ihre Lebensspanne zwar nicht so lang, doch dafür vermehren sie sich schneller und werden auch früher erwachsen. Jeder von ihnen hat aufgrund seiner individuellen Gene bereits von Geburt an eine bestimmte Aufgabe im Schwarm, und die dafür nötigen Fähigkeiten sind ihm quasi angeboren.

Eine lange Kindheit und Jugend, um einen Beruf zu erlernen und seinen Platz in der Gesellschaft zu finden, ist deshalb nicht nötig. Und so sind sie bereits nach 5 Jahren ausgewachsen. Individuelle Interessen und Hobbys spielen im Alltag dieses pflichtbewussten Volkes eher eine untergeordnete Rolle.

Iik-Nakk soll zu Spielbeginn ein erfahrener Soldat mittleren Alters im Schwarm sein, und so ist er mit 10 Jahren etwa doppelt so alt wie ein junger Erwachsener dieser Spezies. Der Spieler hat bei der Erschaffung seines Charakters also genauso viele Erfahrungsstufen zur Verfügung, wie ein 10 Jahre altes Menschenkind: laut Tabelle 175%.

Diese Punkte muss der Spieler nun so verteilen, dass zunächst die Erfahrungsstufe für Kultur/Spezies zwischen den Minimal- und Maximalwerten eines Wesens mittleren Alters liegen, sofern die Punkte reichen. Laut Tabelle sind dies genau 100%.

Von den 175% die der Spieler zur Verfügung hat, bleiben abzüglich der 100% für Kultur/Spezies also noch 75% übrig, die er auf seine restlichen Wissensgebiete aufteilen darf.

Wegen seiner genetischen Vorbestimmung besitzt Iik-Nakk zusätzlich die Besonderheit »geborener Soldat (+50%)«. Diesen Wert darf der Spieler bei der Verteilung der Erfahrungsstufen auf die Hauptbeschäftigung berücksichtigen. Für einen Erwachsenen mittleren Alters sieht die Tabelle hier einen Wert von mindestens 115% vor. Wegen des Bonus von +50% muss der Spieler somit nur noch 65% auf dieses Wissensgebiet verteilen. Mit den 10% die dann noch übrig bleiben, lohnt es sich nicht, eine Nebenbeschäftigung anzufangen, und so steckt der Spieler sie ebenfalls in die Hauptbeschäftigung seines Außerirdischen, obwohl es nicht nötig wäre.

Er entscheidet sich weiterhin dafür, dass der Glieseaner einer Militäreinheit angehört, die sich auf die Abwehr von terrestrischer Technologie spezialisiert hat, und notiert deshalb folgende Rolle für seinen Charakter:

»Iik-Nakk, ein geborener Soldat (+50%), mittleren Alters, der Anti-Terra-Einheit (75%) aus dem Zuklak-Schwarm auf Gliese 581g (100%)«.

Und all diese Kenntnisse werden Iik-Nakk vermutlich auch jetzt helfen, wenn er gleich mit seiner Einheit in das feindliche Raumschiff eindringen und dieses sabotieren wird…

Der Weg ist das Ziel

Wenn dein Charakter ein normales Leben führt, mit täglicher Routine in seinem Beruf und Lebensstil, und dabei eine neue Alterskategorie laut Tabelle 3: *Erfahrungsverteilung* erreicht, bzw. ein neues Alter laut Tabelle 2: *Detaillierte Erfahrungsverteilung*, dann darfst du seine Erfahrungsstufen in den jeweiligen Wissensgebieten auf die dort aufgeführten, neuen Werte anheben.

Genau wie zu Beginn des Spiels, kann der Spielleiter dir auch in diesem Fall erlauben, einzelne Werte umzuverteilen oder komplett neue Wissensgebiete hinzuzufügen und dafür andere wegfallen zu lassen, solange die Summe der Erfahrungsstufen gleich bleibt. Auf diese Weise lässt sich auch der Wechsel von Interessen im Laufe eines langen Lebens darstellen.

Eine solche, altersbedingte Verbesserung wird vermutlich nur in sehr langen Kampagnen vorkommen, in welchen vielleicht auch manchmal einige Jahre Spielzeit übersprungen werden, weil sich im Leben der Charaktere nichts Außergewöhnliches ereignet.

Führt der Charakter jedoch ein aufregendes Leben voller gefährlicher Abenteuer, kann dir der Spielleiter nach jeder Spielsitzung erlauben, einige zusätzliche Erfahrungsstufen auf die Wissensgebiete zu verteilen. **5** bis **10** Prozentpunkte pro Abenteuer sind hierfür ein guter Richtwert.

Bei der Verteilung solltest Du darauf achten, dass Dein Held sich hauptsächlich auf Gebieten verbessert, welche in den vorangegangenen Abenteuern auch wirklich von Relevanz waren.

Durch diese zusätzliche Art der Verbesserung kann dein Charakter bereits in jüngeren Jahren Werte erreichen, die normalerweise Charakteren mit mehr Lebenserfahrung vorbehalten wären. Das absolute Maximum von **400%** Punkten darf allerdings auch auf diese Weise nicht überschritten werden.

Du solltest diese zusätzlichen Punkte auf den Karteikarten immer separat notieren, damit du den Überblick behältst. Denn wenn sich die Erfahrungsstufen deines Charakters durch älter werden weiter verbessern, behalten die separat notierten Punkte ebenfalls ihr Gültigkeit.

Beispiel: *In satten Rottönen geht die Sonne über der kleinen Stadt Bruccadera unter. Oben auf dem Westtor beobachtet ein einsamer Posten gelangweilt dieses allabendliche Schauspiel.*

»Lorana, eine junge Gefreite der Stadtwache (100%), begeisterte Theaterbesucherin (75%) und recht passable Weinkennerin (50%) aus dem letzten freien Königreich der Menschen«, hat ihre gesamten 20 Lebensjahre an diesem Ort verbracht. Und auch wenn sie sehr gut ausgebildet ist, und sich regelmäßig mit ihren Kameraden körperlich ertüchtigt, so war ihre bisherige Dienstzeit doch eher von Langeweile und Monotonie geprägt.

Eines schönen Spieltages jedoch ereignet sich dann das Unglück und ein furchterregender Drache stürzt das beschauliche Leben der Bevölkerung ins Chaos. Die Charaktere kämpfen zwei Monate bis das schreckliche Biest endlich besiegt ist.

Loranas Spielerin sammelt während dieses Abenteuers 25 extra Erfahrungspunkte, die sie in die Verbesserung ihres Berufes steckt. Sie passt somit die Rolle wie folgt an:

»Lorana, eine junge Gefreite der Stadtwache (125%), begeisterte Theaterbesucherin (75%)

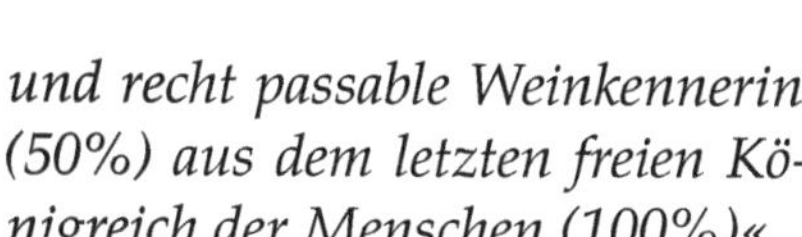

und recht passable Weinkennerin (50%) aus dem letzten freien Königreich der Menschen (100%)«

Die junge Frau konnte damit innerhalb von zwei Monaten ihre beruflichen Fähigkeiten um ein Maß verbessern, das ein Erwachsener bei normalem Training erst im Alter von 40 erreichen würde. In außergewöhnlichen und gefährlichen Situationen lernt man eben oftmals mehr als durch die tägliche Routine…

Puh, wie anstrengend!

Zugunsten einer glaubwürdigen Handlung und auch einer besseren Spielbalance solltest du berücksichtigen, dass ein normaler Mensch viele Tätigkeiten nicht beliebig oft hintereinander ausführen kann.

Irgendwann wird er ermüden oder gar erschöpft sein, bei manchen Arbeiten eher, bei anderen später.

Andererseits sind Helden in Geschichten meist in der Lage, deutlich größere Strapazen in Kauf zu nehmen als normale Leute. Und auch das Adrenalin, welches der Körper in aufregenden Situationen ausschüttet, hilft ihnen dabei, länger durchzuhalten.

Hinzu kommt, dass viele Aktionen nur sehr wenig anstrengen, und die Charaktere sie sehr oft hintereinander ausführen müssten, um eine merkliche Erschöpfung zu spüren.

Und wenn die Tätigkeit doch einmal anstrengender sein sollte, so folgt oftmals gleich darauf wieder eine Situation, in welcher die Charaktere verschnaufen können. In vielen Fällen lohnt es sich also gar nicht, die Ausdauer genauer zu verfolgen.

Nur wenn abzusehen ist, dass die Anstrengung sich über einen längeren Zeitraum hinzieht, und die Situation für die erzählte Geschichte auch wichtig genug ist, solltest du dir diese Mühe machen, z. B. Polizisten die sich eine Verfolgungsjagd mit dem Gangster liefern, Zauberer, die während der Schlacht, einen Feuerball nach dem anderen verschießen oder Derwische, die die Nacht hindurch tanzen wollen.

Um in solchen Fällen zu ermitteln, wie stark ein Charakter durch seine Handlungen ermüdet, führst du als Spielleiter von Zeit zu Zeit für die Situation selbst einen Erfolgswurf mit Teilerfolgen durch, einen sogenannten **Erschöpfungswurf (ESW)**. Hierbei geht *Gaudium Ludendi* der Einfachheit halber von einer mittleren Erfolgschance von **50%** aus.

Erzielst du dabei ein Ergebnis von **100** oder mehr, so ist der jeweilige Charakter vor Anstrengung außer Gefecht gesetzt. Teilerfolge hier führen zu einem entsprechenden Malus beim betroffenen Charakter, der mit Hilfe einer temporären Besonderheit festgehalten wird. Kann er sich nicht erholen und dadurch diesen Modifikator wieder abbauen, so können nachfolgende Erschöpfungswürfe und deren Teilerfolge den Wert weiter in die Höhe treiben, bis der Held schließlich doch zusammenbricht.

Besitzt dein Charakter bestimmte Besonderheiten, die ihm helfen der Erschöpfung besser zu widerstehen, z. B. *»hohe Ausdauer (+50%)«*, oder hat er durch seine Wissensgebiete entsprechendes Training, so zählt dies als Widerstandsfähigkeit, und du darfst einen entsprechenden Modifikator auf den Erschöpfungswurf anrechnen (siehe Abschnitt *Des einen Freud'…* auf Seite 38, bzw. *Was uns nicht umbringt…* auf Seite 64). Entsprechendes gilt natürlich auch bei nachteiligen Besonderheiten, welche eine niedrigere Ausdauer repräsentiert, z. B. *»kurzatmig (–25%)«*.

Wie oft du einen Erschöpfungswurf ausführen solltest und welche Art von temporärer Besonderheit sich daraus ergibt, hängt vom Anstrengungsgrad der Tätigkeit ab. Tabelle 4: *Erschöpfungskategorien* listet hierzu alle wesentlichen Informationen auf.

Die Modifikatoren für die verschiedenen Arten musst du dabei getrennt aufsummieren.

Kategorie	**ESW**	**TB pro Teilerfolg x**	**Beispiele**
Erholsam	–	–	Rasten, schlafen, reden, ...
Ermüdend	Pro Tag, wenn mehr 10 h/Tag	*»müde (–x%) [bis eingeschlafen/ +20%/5 h Schlaf]«*	Gehen, leichte körperliche Arbeit, schwierige geistige Arbeit, ...
Kräftezehrend	Pro Stunde, wenn mehr als 20 min/h	*»geschwächt (–x%) [bis zusammengebrochen/ +20%/10 min Pause]«*	Joggen, schwere körperliche Arbeit, schwache Zauber wirken, ...
Atemraubend	Pro Minute, wenn mehr als 20 s/min	*»außer Atem (–x%) [bis zusammengebrochen/ +20%/10 s Pause]«*	Sprinten, kämpfen, mächtige Zauber wirken, ...

Tabelle 4: *Erschöpfungskategorien*

Diese Trennung ist wichtig, da auch die Erholung für die jeweilige Art von Erschöpfung getrennt verläuft. Denn die angegebenen Pausen, die nötig sind, um die Modifikatoren jeweils um **20%** in Richtung der **0%** zu verschieben, sind von Typ zu Typ unterschiedlich.

Bei Erfolgswürfen für körperliche Aktionen musst du die aufsummierten Modifikatoren aller drei Typen anrechnen, für geistige Aktionen lediglich die von *»müde«* und *»außer Atem«*.

Wenn dein Charakter anstrengende Tätigkeiten nicht mit voller Kraft angeht, sondern sich zurück nimmt, so bringt er zwar eine geringere Leistung, ist dadurch aber in der Lage, die Tätigkeit länger durchzuhalten.

Hierzu darfst du für jeden freiwilligen Malus von **–50%**, den du auf deinen Erfolgswurf anrechnest, die Erschöpfungskategorie der entsprechenden Tätigkeit um eine Stufe senken, also z. B. von *»Atemraubend«* auf *»Kräftezehrend«* oder von *»Kräftezehrend«* auf *»Ermüdend«*.

Der Bote der zum Wirtshaus eilen muss, um eine Nachricht zu überbringen, könnte z. B. joggen anstatt in vollem Tempo zu rennen. Er brauch dann zwar länger, ist dafür aber zumindest noch in der Lage verständlich zu sprechen.

Erfahrene Charaktere können so von ihrem Training profitieren, da sie es sich, aufgrund ihrer höheren Erfahrungsstufe eher leisten können, einen Malus hinzunehmen.

Beispiel: *»Aquarius, ein berühmter Superheld mit Wasserkräften (100%), hilfsbereiter Sanitäter (75%) und Motorrad-Freak (50%) aus Chaos-City (100%)« hat es wieder einmal geschafft. Er konnte erneut in letzter Sekunde seinen Erzfeind Doctor Pyro in die Flucht schlagen. Seit dieser vor einer halben Stunde mit seinen Lava-Händen in den Tresor der Zentralbank eingedrungen war, um alle Goldreserven der Stadt zu stehlen, musste der Held seine übernatürliche Fähigkeit, Wasser zu erschaffen und zu kontrollieren, regelrecht überstrapazieren.*

Nachdem der Feuerteufel fluchend zwischen den Hochhäusern verschwunden ist, kommt Aquarius endlich zur Ruhe und das Adrenalin in seinem Körper baut sich ab. Der Spielleiter entscheidet, dass nun der Zeitpunkt gekommen ist, um die Erschöpfung zu ermitteln.

Zunächst musste der Superheld eine Menge Wasser aus dem Nichts erschaffen, um den Brand in der Bank zu löschen. Diese mächtige Fähigkeit war vor Beginn des Spiels als atemraubende Aktion festgelegt worden. Aus diesem Grund besitzt sie auch nur eine Ausführungsdauer von einigen Sekunden.

Da sich die Flammen schon recht weit ausgebreitet hatten, hatte der Spielleiter die Tätigkeit als aufwändige Aktion mit Teilerfolgen behandelt. Er hatte festgelegt, dass durchschnittlich 5 Runden nötig sein sollen (Teilerfolg geteilt durch 5), und Aquarius benötigte auch genau fünf Runden, um das Feuer einzudämmen.

Zeit zum Verschnaufen blieb ihm aber nicht, denn als er anschließend den Doc auf seinem Motorrad verfolgte, beschoss ihn dieser mit Feuerkugeln, und der Superheld wehrte diese zwei weitere Runden lang mit einem flüssigen Schutzschild ab.

Eine der Explosionen schleuderte einen PKW in den nahegelegenen Fluss, und Aquarius musste das Wasser manipulieren um zu verhindern, dass die Insassen ertrinken, was noch einmal zwei

sehr kurze Aktionsrunden der Anstrengung bedeutete.

Zu guter Letzt gelang es dem Helden, Pyros Lieferwagen mittels Wasserdruck aus der Bahn zu schleudern, um ihn so daran zu hindern, mit den Goldbarren zu verschwinden. Dieser Angriff fügte eine letzte atemraubende Runde zu den bisher aufsummierten hinzu.

Insgesamt sind dies 10 anstrengende Aktionen von jeweils etwa 10 Sekunden Dauer, also fast zwei Minuten. Bei atemraubenden Aktionen soll laut Tabelle jede Minute gewürfelt werden. Der Spielleiter führt also zwei Erschöpfungswürfe mit einer Erfolgschance von jeweils 50% durch. Da der Superheld natürlich ein entsprechendes Training besitzt, darf er die Hälfte der Erfahrungsstufe seiner Hauptbeschäftigung, also 50%, als Widerstandsfähigkeit von der Erfolgschance des Erschöpfungswurfs abziehen.

Da 50% – 50% eine Erfolgschance von 0% ergibt, ist es nicht möglich, den Helden mit einem einzigen Wurf vollständig außer Gefecht zu setzen. Da es sich aber um eine Aktion mit Teilerfolgen handelt, würfelt der Spielleiter trotzdem. Beim ersten Versuch erzielt er eine 80, beim zweiten eine 86, was laut Tabelle 5: Teilerfolg *einem Teilerfolg von 30% bzw. 50% entspricht, in Summe also ein Ergebnis von 80%.*

Aquarius erleidet eine temporäre Besonderheit »außer Atem (–80%) [bis zusammengebrochen | +20%/10 s Pause]«.

Während der Charakter sich nun erschöpft an den auf der Seite liegenden Lieferwagen lehnt und verschnauft, hofft er, dass Doctor Pyro in der nächsten Minute nicht doch noch einmal zurückkehrt…

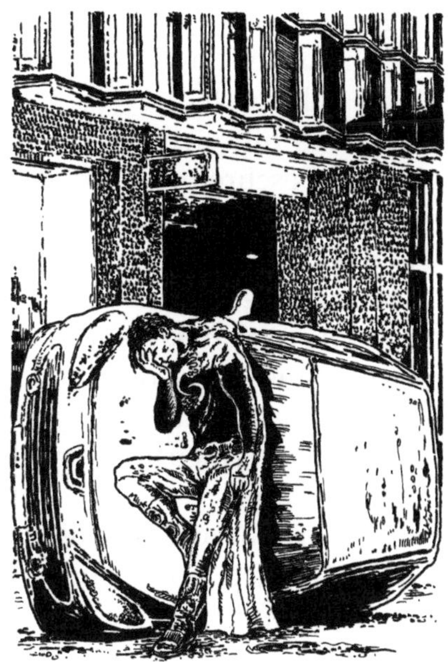

Ganz mein Ding

Im Laufe ihrer Abenteuer werden deine Helden immer wieder mit den verschiedensten Gegenständen und Werkzeugen in Berührung kommen. Beide Begriffe sind in *Gaudium Ludendi* sehr weit gefasst: Es kann sich dabei sowohl um echte materielle Dinge wie Bücher, Kleidungsstücke, Bohrmaschinen oder Raumschiffe handeln, aber auch um eher virtuelle Dinge wie Computer-Programme, Gedichte oder Zauberformeln. Regeltechnisch werden all diese Gegenstände auf die gleiche Weise behandelt.

Falls es hilfreich ist, kannst du die Beschreibung der Gegenstände, mit welchen dein Held zu tun hat, genauso betrachten, wie die der Charaktere. Die Art des Gegenstandes selbst ist quasi dessen Rolle, und berühmte Exemplare können auch einen eigenen Namen besitzen.

Werden für die Ausübung einer Tätigkeit und damit für die Durchführung eines Erfolgswurfs Werkzeuge zwingend benötigt (z. B. Hammer beim Schmieden von Gegenständen), so wird davon ausgegangen, dass im Normalfall diese Gegenstände in durchschnittlicher Qualität und Effektivität vorhanden sind. Ihr bloßer Einsatz hat erst einmal keinen Einfluss auf den Erfolgswurf, und auch in der Rolle des Gegenstands musst du nichts Besonderes notieren.

Wird deinem Helden aber die Arbeit erschwert oder erleichtert, sobald er ein Werkzeug für seinen vorgesehenen Zweck einsetzt, notierst du einen entsprechenden Modifikator in runden Klammern hinter der Rolle.

Begründet sind diese Modifikatoren meist durch Abweichungen in der eingesetzten Technologie bzw. im Material- und Energieeinsatz, oder auch damit, dass die Aktion nicht zwingend ein Werkzeug erfordert und allein dessen Verwendung schon einen Vorteil verschafft, selbst wenn das Werkzeug völlig durchschnittlich ist.

Aber auch die Situation kann Einfluss auf die Wirksamkeit von Werkzeugen haben. Ein langer Bidenhänder, zum Beispiel, mag deinem Charakter im offenen Gelände einen Vorteil im Kampf verschaffen. In einer engen Stube hingegen, wird die Waffe eher zu einem sperrigen Hindernis und so einen Malus verursachen.

In solchen Fällen notierst du einfach für jede relevante Situation eine eigene Besonderheit in der Rolle des Gegenstands, mit jeweils einem eigenen Modifikator.

Besitzt das konkrete Objekt zusätzliche Eigenschaften, die Gegenstände dieser Art normalerweise nicht haben, so fügst du diese als Besonderheiten in die Rolle, sprich Beschreibung ein, eventuell ebenfalls wieder mit zusätzlichen Modifikatoren.

Beispiel: *»Mjölnir, Thors magischer Kriegshammer (+50%), der als Wurfwaffe eingesetzt sein Ziel niemals verfehlt«*

Dass dein Charakter durch die Verwendung eines bestimmten Werkzeugs ganz neue Möglichkeiten erhält, muss nicht zwingend bedeuten, dass er damit auch automatisch in der Lage ist, diese zu nutzen. Möglicherweise muss er die nötigen Handgriffe erst erlernen und ein entsprechendes, eigenes Wissensgebiet besitzen.

Außergewöhnliche Gegenstände, die in der Lage sind, selbstständig zu handeln, können sogar eigene Wissensgebiete mit zugehörigen Erfahrungsstufen innerhalb ihrer Rolle besitzen, genau wie normale Charaktere.

Beispiel: *»K.A.T., das Agentenauto (+25%) mit KI für autonomes Fahren (100%) und Tatortanalyse (75%)«*

Beispiel: *Albert Tinkerman und seine Begleiterin Margaret Rigby marschieren durch die nächtlichen Straßen des viktorianischen London.*

Seit vor gut 20 Jahren Bergbauingenieure in einer Mine auf bis dahin unbekannte Kristalle gesto-

ßen waren, hatte sich die Stadt deutlich verändert. Diese seltsam leuchtenden, ständig vibrierenden Mineralien sind inzwischen in vielen Gerätschaften zu finden. Wilford-Steine, benannt nach Professor Doktor Wilford, der als erster den Nutzen dieser Kristalle erkannt hatte, ersetzen heute sogar die Gaslaternen in vielen Stadtvierteln.

Kaltes, ungefährliches Licht ist das eine, doch von weit größerer Bedeutung für den technischen Fortschritt waren die mechanischen Eigenschaften des Materials: die nie versagenden, starken Schwingungen. Wenn man diese nicht mit Blei abschirmt, können Ingenieure die Wilford-Steine als Antriebsmotoren für allerlei Apparaturen verwenden. Größere Maschinen werden zwar immer noch mit Dampfkraft betrieben, denn Kristalle mit hoher mechanischer Leistung sind sehr teuer, doch im feinmechanischen Bereich stellten sie eine regelrechte Revolution dar.

Unter einer Laterne zieht der Uhrmachermeister seine Taschenuhr aus der Weste und sieht nach der Zeit. Seit er auch in sie einen Splitter dieses Minerals eingebaut hat muss sie nicht mehr aufgezogen werden. Es ist kurz vor Mitternacht, sie müssen sich beeilen, um rechtzeitig bei dem alten Herrenhaus zu sein.

Nachdem sich in spiritistischen Kreisen hartnäckig das Gerücht hält, die Wilford-Steine bezögen ihre Energie aus dem Jenseits, hatte ein reicher Industrieller die fixe Idee, mit ihrer Hilfe Geister zu fangen, und nun Tinkerman und Rigby damit beauftragt.

Als beide bei dem alten Gemäuer ankommen, öffnet Margaret das kleine Messingkästchen, das Albert entwickelt hat, und das sie vorsichtig in ihren zwei Händen trägt. Die Abenteurer blicken auf den komplizierten Mechanismus aus Dutzenden von Zahnrädchen, Hebelchen und Zeigern. Wenn alles wie geplant funktioniert, so wird der Apparat ihnen wie ein Kompass den Aufenthaltsort übersinnlicher Wesen anzeigen, vorausgesetzt natürlich, die Leute sagen die Wahrheit, und es spukt tatsächlich in dem Herrenhaus.

Somit erhalten die Charaktere eine Fähigkeit, welche sie ohne den Gegenstand nicht hätten.

Aber die Helden müssen sehr vorsichtig im Umgang mit dem

Ectometer sein, denn das diffizile Konstrukt ist sehr empfindlich gegen Erschütterungen und Gewalteinwirkung jeglicher Art. Eine Besonderheit, die als Modifikator mit umgekehrtem Vorzeichen zum Tragen kommt, wenn das Kästchen unter rauen Bedingungen eingesetzt wird, und Gefahr läuft, beschädigt zu werden.

Die Spieler haben sich deshalb folgende Beschreibung für ihr »Werkzeug« notiert:

»Ectometer, ein extrem empfindlicher (–75%) Ectoplasma-Sensor (75%), um Wesen aus dem Jenseits zu orten«

Albert und Margaret atmen noch einmal tief durch, dann betreten sie, das Ectometer vor sich her tragend, das Herrenhaus…

Der Zahn der Zeit

In den meisten Fällen wirst du dir im Rollenspiel keine Gedanken über den Verschleiß von Gegenständen machen müssen. Wenn es sich um typische Gegenstände handelt, so sind diese im Normalfall für den jeweiligen Verwendungszweck vorgesehen und entsprechend robust konzipiert. Einen Hammer hat man ein Leben lang, die Möbel tauscht man vielleicht alle zehn Jahre aus und selbst die Kleidung, die man ständig trägt, gibt man meist nur deshalb zur Altkleidersammlung, weil sie aus der Mode gekommen ist. Die wenigsten Abenteuer oder Kampagnen laufen tatsächlich so lange, dass diese Art von Abnutzung wirklich eine Rolle spielt.

Handelt es sich dagegen um Verbrauchsmaterial, dessen Bestimmung es ist, von Anwendung zu Anwendung weniger zu werden, gibst du einfach entsprechende Mengen an. Hat dein Charakter 6 Kugeln in seinem Revolver, dann kann er eben 6 Schüsse abgeben. Enthält der Feuerlöscher genug Schaum um 2 kleine oder 1 großes Feuer zu löschen, so ist ganz genau klar, wie oft er eingesetzt werden kann. Auch in diesem Fall sind keine spezielle Regeln zur Bestimmung der Abnutzung erforderlich.

Normalerweise ist es erst dann sinnvoll, sich über diese Dinge Gedanken zu machen, wenn abzusehen ist, dass ein Gegenstand immer und immer wieder verwendet, und das Abenteuer auch lange genug dauern wird, um eine Abnutzung erkennen zu lassen.

Dann kann es durchaus reizvoll sein, festzustellen, wie sich die Effektivität der Gegenstände Stück für Stück reduziert, bis sie schließlich repariert oder ganz ausgetauscht werden müssen. Eine Rüstung hält einige Schlachten durch, aber irgendwann ist sie verbeult.

Um den Grad dieser Abnutzung zu ermitteln, führst du als Spielleiter von Zeit zu Zeit für die Situation selbst einen Erfolgswurf mit Teilerfolgen durch, einen sogenannten **Abnutzungswurf (AW)**. Hierbei geht *Gaudium Ludendi* der Einfachheit halber von einer mittleren Erfolgschance von **50%** aus.

Erzielst du dabei ein Ergebnis von **100** oder mehr, so ist der jeweilige Gegenstand komplett unbrauchbar. Teilerfolge führen zu einer prozentualen, teilweisen Abnutzung, die sich von Wurf zu Wurf aufsummieren kann.

Ähnlich der Erschöpfung bei Charakteren, notierst du diesen Malus als temporäre Besonderheit in der Beschreibung des Gegenstandes:

»abgenutzt (–x%) [bis unbrauchbar | repariert]«

Wird dieser Gegenstand bei einer Aktion verwendet, ziehst du den zugehörigen Modifikator von deinen Erfolgswürfen ab. Bei einem Wert von **–100%** ist er dann vollständig unbrauchbar. Sollte das Werkzeug in diesem Fall für die geplante Tätigkeit zwingend erforderlich sein, kannst du diese somit auch nicht ausführen.

Ist der Gegenstand von besonders guter oder schlechter Qualität, so wird dies ebenfalls als Besonderheit in der Beschreibung des Objekts notiert, z. B. *»äußerst robust (+25%)«*. Diesen Modifikator ziehst du jedoch beim Abnutzungswurf von der Erfolgschance ab (siehe Abschnitt *Des einen Freud'…* auf Seite 38).

Wie oft du einen solchen Abnutzungswurf ausführen solltest und welche Art von temporärer Besonderheit sich daraus ergibt, hängt davon ab, wie

stark die übliche Nutzung einen Gegenstand beansprucht.

Tabelle 5: *Abnutzungskategorien* listet hierzu alle wesentlichen Informationen auf.

Wenn dein Charakter den Gegenstand deutlich häufiger oder seltener verwendet als üblich, kann der Spielleiter die Abnutzungskategorie in die eine oder andere Richtung verschieben, z. B. von *»Unbeansprucht«* auf *»Gering beansprucht«*, wenn dein Charakter das Gemälde in einem Bilderrahmen regelmäßig austauscht, statt es einfach über Jahre hinweg an der Wand hängen zu lassen.

Auch wenn der Gegenstand nicht benutzt wird, ist er einem gewissen Alterungsprozess unterworfen: Eisen rostet, Holz wird morsch, Gummi wird porös. Deshalb musst du auch für die Kategorie *»Unbeansprucht«* würfeln, aber in der Regel erst nach einem Jahrhundert. Wird das Objekt allerdings nicht sachgemäß gelagert, so kann der Spielleiter entscheiden, auch hier die Kategorie zu verschlechtern, und du musst früher würfeln.

Kategorie	**AW**	**BS pro Teilerfolg x**	**Beispiele**
Unbeansprucht	Pro Jahrhundert	*»abgenutzt (–x%) [bis unbrauchbar/ repariert]«*	Bilderrahmen an der Wand, Auto nur in der Garage, ...
Gering beansprucht	Pro Jahrzehnt	*»abgenutzt (–x%) [bis unbrauchbar/ repariert]«*	Bild im Rahmen von Zeit zu Zeit tauschen, täglich mit dem Auto zur Arbeit fahren, Abendkleid von Zeit zu Zeit tragen, Besteckmesser zu Hause nutzen, ...
Beansprucht	Pro Jahr	*»abgenutzt (–x%) [bis unbrauchbar/ repariert]«*	Bild im Rahmen häufig tauschen tauschen, Streifenwagen der Autobahnpolizei, täglich Arbeitskleidung tragen, Küchenmesser in Großküche nutzen, ...
Stark beansprucht	Pro Monat	*»abgenutzt (–x%) [bis unbrauchbar/ repariert]«*	Kleidung im Katastrophengebiet tragen, Dolch auf dem Schlachtfeld nutzen, ...

Tabelle 5: *Abnutzungskategorien*

Beispiel: *Der alte Kampfroboter M-400 patrouilliert vor dem Zentrallager der Raumkolonie Beta 7. Lucy Chen, die hinter dem Steuer dieses robusten Mechs sitzt, lässt in einer ruhigen Minute die Ereignisse der letzten Zeit Revue passieren.*

Erst wenige Wochen ist es her, dass die Aufstände der Minenarbeiter begonnen haben. In all den friedlichen Jahren, war das Sicherheitspersonal immer weiter reduziert worden, sodass die einzige Chance, die Lage wieder in den Griff zu bekommen, darin bestand, die gepanzerten und stark bewaffneten Roboter zu reaktivieren, die einst von den Pionieren bei der Eroberung des Planeten benutzt worden waren.

Nachdem sie ca. 30 Jahre ungenutzt im Hangar gestanden haben, dabei aber nicht ordentlich eingemottet waren, entscheidet der Spielleiter die Kategorie von »Unbeansprucht« auf »Gering beansprucht« zu verschlechtern. Dann würfelt er pro Jahrzehnt einen Abnutzungswurf. Er erzielt 20%, 0% und 100%. In Summe ist die Maschinen also total eingerostet, d. h. »abgenutzt (–100%) [bis repariert]«

Zum Glück kann Mpumelele Azikiwe, der Mechaniker der Heldengruppe, mit seine Leuten die Mechs in einigen Tagen harter Arbeit wieder einsatzfähig machen.

Wieder sind einige Wochen vergangen, und nach den vielen Kampfeinsätzen, welche Major Chen in dieser Zeit hinter sich bringen musste, um die Basis wieder zurückzuerobern, ist am Ende des Monats ein erneuter Abnutzungswurf angebracht…

Schutt und Asche

Versucht dein Charakter einen Gegenstand absichtlich zu zerstören, so führst du auch

hierfür einen Erfolgswurf mit Teilerfolgen aus. Im Gegensatz zum Abnutzungswurf wird jedoch keine feste Erfolgschance verwendet, sondern diese hängt von dem jeweiligen Wissensgebiet ab, das deinem Charakter ermöglicht, die Tätigkeit auszuführen.

Ob sonstige Modifikatoren auf den Wurf angerechnet werden, wie lange die Aktionsrunden dauern und ob es sich eventuell um eine aufwändige Aktion handelt, liegt wieder ganz im Ermessen des Spielleiters. Je größer das Zielobjekt ist, desto mehr Runden werden durchschnittlich für eine aufwändige Aktion veranschlagt werden. Je robuster das Material ist, aus welchem der Gegenstand besteht, und je besser die Qualität ist, desto größer wird der Modifikator sein, der auf den Wurf angerechnet wird.

Der mit dem Wurf erzielte Teilerfolg gibt an, zu wie viel Prozent der Gegenstand beschädigt wurde. Wie üblich notierst du diesen Wert als Modifikator mit Hilfe einer temporären Besonderheit:

»beschädigt (–x%) [bis unbrauchbar | repariert]«

Dieser Modifikator wird anschließend auf alle Erfolgswürfe angerechnet, bei welchen ein Charakter den Gegenstand einsetzt. Verringert sich der Modifikator bis auf **–100%**, so ist der Gegenstand vollständig zerstört und kann nicht mehr verwendet werden.

Beispiel: *Bruce, der Hammer, ist stinksauer. Er will sich an seinem Wrestling-Kollegen und Erzfeind Stiernacken-Nick rächen und marschiert mit seinem Vorschlaghammer auf den Parkplatz, wo Nicks Pickup steht.*

Laut schreiend schlägt er auf das Fahrzeug ein, während die Kameras das Geschehen live übertragen.

Als Profi-Wrestler hat Bruce ausreichend Kraft und Erfahrung darin, mit irgend welchen »Dingen« auf andere »Dinge« einzuprügeln. Er darf deshalb für den Erfolgswurf sein Wissensgebiet »agressiver Profi-Wrestler (100%)« verwenden.

Seine bloßen Fäuste wären aber dennoch nur bedingt dafür geeignet, das Blech des unschuldigen

Wagens zu zerbeulen. Aber natürlich hat der Wrestler, wie immer, seinen schweren, zweihändig geführten Vorschlaghammer bei sich, und der stellt sehr wohl ein geeignetes Werkzeug dar.

Für die Dauer der Aktionsrunden legt der Spielleiter ca. 10 Sekunden fest. Da es sich aber um ein großes, aus Metall bestehendes Auto handelt, zählt das Zerstören als aufwändige Aktion, welche durchschnittlich 20 Runden dauern soll.

Zusätzlich handelt es sich bei Nicks Pickup um einen besonders robusten Geländewagen mit der Besonderheit »hohe Qualität +25%«. Dieser Modifikator wird mit umgekehrtem Vorzeichen auf Bruce' Erfolgschance angerechnet.

Und so macht sich der Spieler mit einer Chance von 75% ans Werk. Er würfelt und erzielt ein Ergebnis von 100%. Wegen der aufwändigen Aktion wird diese Zahl aber durch 20 geteilt und reduziert sich damit auf 5%. Das arme Auto erhält damit die temporäre Besonderheit »beschädigt (–5%) [bis unbrauchbar | repariert]«.

Bruce schlägt weiter zu.

Der Spieler erzielt bei seinem zweiten Wurf eine resultierende Leistung von 4% und die temporäre Besonderheit des Autos verschlechtert sich auf »beschädigt (–9%) [bis unbrauchbar | repariert]«. Es hat einige Dellen, aber noch haben diese Schäden keinen all zu großen Einfluss auf die Verwendung.

Bis das Fahrzeug ganz unbrauchbar ist, wird wohl noch einige Zeit vergehen, vorausgesetzt, Bruce verliert vorher nicht die Lust weiterzumachen, und die Sendezeit geht nicht zu Ende…

Do it yourself

Im Gegensatz zur Erschöpfung bei Charakteren, regeneriert sich die Abnutzung oder Beschädigung von Gegenständen in der Regel nicht von selbst. Sie müssen repariert werden.

Hierzu sind meist besondere Kenntnisse, Werkzeuge, Ersatzteile und vielleicht sogar eine ganze Werkstatt erforderlich.

Will dein Charakter einen abgenutzten oder beschädigten Gegenstand reparieren, zählt dies als aufwändige Aktion mit Teilerfolgen.

Wie viele Runden durchschnittlich nötig sind und welche Modifikatoren angerechnet werden, hängt von Umfang und Komplexität der Arbeit ab.

Ist der Gegenstand besonders gut oder schlecht und besitzt deswegen einen Modifikator, addierst du diesen mit umgekehrtem Vorzeichen ebenfalls zu deinem Erfolgswurf.

Außergewöhnliche Werkzeuge, die deinem Charakter durch ihren Einsatz einen Bonus verschaffen, sind dadurch auch schwieriger wieder zu reparieren. Hier kannst du dir die Arbeit erleichtern, wenn du dich mit einer notdürftigen Reparatur zufrieden gibst, die zwar Qualitätseinbußen zur Folge hat und damit gegebenenfalls auch mit einem Malus bei der Anwendung einher geht, aber zumindest die grundlegende Funktionalität wieder herstellt.

Die Teilerfolge, die du bei diesen Würfen erzielst, verringern direkt den Malus, der für die Abnutzung notiert wurde, bis dieser schließlich wieder bei **0%** ist, und der Gegenstand als vollständig repariert gilt.

Beispiel: *Bei der letzten Hirschjagd durch den Wald, wurde Anams Felljacke zerrissen.*

Normalerweise stellt sie einen recht guten Schutz gegen die kalten Steinzeitnächte dar, doch nun muss Anams Spieler eine temporäre Besonderheit »abgenutzt (–40%) [bis unbrauchbar | repariert]« notieren. Das bedeutet, immer, wenn Anam versucht, mit Hilfe seiner Kleidung

den Einflüssen von Wind und Kälte zu widerstehen, muss er einen Modifikator von –40 auf den Erfolgswurf hinnehmen.

Der Jäger beschließt deshalb, seine Kleidung zu reparieren. Glücklicherweise trägt er Knochennadeln und Sehnen bei sich, und so beginnt er, die Jacke notdürftig zusammen zu flicken.

Anam besitzt kein besonderes Wissensgebiet, welches ihm dabei helfen würde, also wird wieder einmal die Kultur/Spezies des Charakters herangezogen: »erwachsener Mann aus dem Bärenclan (100%)«

Nähen ist eine Tätigkeit, welche die Männer eher selten ausführen und daher nicht so gut beherrschen, und so darf der Spieler nur die halbe Erfolgschance nutzen, also 50%.

Die Felljacke war ursprünglich von »hoher Qualität +25%« und brachte damit einen Modifikator von +25% mit. Um diese hohe Qualität durch die Reparatur erhalten zu können, müsste Anam bei seinem Erfolgswurf einen Modifikator von –25% hinnehmen (umgekehrtes Vorzeichen). Darauf verzichtet er jedoch, was zur Folge hat, dass das Kleidungsstück ab dem ersten Reparaturversuch nur noch eine durchschnittliche Qualität aufweist und die Besonderheit »hohe Qualität +25%« verliert. Dafür wird der Erfolgswurf aber auch einfacher.

Da die Felljacke ein Kleidungsstück mittlerer Komplexität ist, legt der Spielleiter fest, dass durchschnittlich 2 Runden mit einer

Dauer von jeweils 10 Minuten für die Reparatur nötig sind. Jeder Teilerfolg muss also durch 2 geteilt werden. Weitere Modifikatoren hält der Spielleiter nicht für notwendig.

Der Spieler würfelt mit der Erfolgschance von 50% einen Teilerfolg von 70%, was durch den Faktor auf 35% halbiert wird. Die Abnutzung des Gegenstandes reduziert sich damit auf »abgenutzt (–5%) [bis unbrauchbar | repariert]«. Fast geschafft.

Nachdem sein Charakter weitere 10 Minuten Näharbeit hinter sich hat, würfelt der Spieler erneut und das erzielte Ergebnis von weiteren 20% repariert auch noch die übrig gebliebenen –5%. Die temporäre Besonderheit verschwindet damit und der Jäger ist nun deutlich zufriedener mit seinem Kleidungsstück…

In die Hände gespuckt

Besitzt dein Charakter ein entsprechendes Wissensgebiet, sowie die nötige Ausrüstung, so kann er nicht nur Gegenstände reparieren, sondern auch ganz neue herstellen, sei es ein Schreiner, der einen Schrank baut, ein Druide, der einen Zaubertrank braut oder ein Programmierer, der ein Computer-Programm schreibt.

Bei der Vielzahl an Dingen, mit denen du es im Rollenspiel zu tun bekommen kannst, ist es kaum möglich, genaue Regeln für jede Art von Gegenstand aufzustellen, zumal viele davon erst während des Abenteuers ins Spiel gebracht werden. Als Spielleiter musst du hier, gegebenenfalls spontan, anhand deiner Erfahrung festlegen, wie schwierig die Arbeit ist und wie lange sie dauert.

Generell lässt sich lediglich sagen, dass es wohl um so schwieriger ist, je hochwertiger und komplexer das gewünschte Objekt ist, und dass sich die Aktionsdauer meist im Bereich von mehreren Stunden oder Tagen bewegt, im Extremfall sogar mehrere Monate oder Jahre dauern kann. Man denke nur an das Schreiben eines Buches oder den Bau der Pyramiden.

Um einen Gegenstand von Grund auf neu herzustellen,

gehst du im Prinzip genauso vor wie bei dessen Reparatur (siehe Abschnitt *Do it yourself* auf Seite 115).

Der Unterschied ist lediglich, dass der Gegenstand keine temporäre Besonderheit besitzt, die die Abnutzung repräsentiert, sondern mit einer Besonderheit beginnt, die den Grad der Unvollständigkeit darstellt:

»unvollständig (–100%) [bis fertig gestellt]«

Wenn du diesen Modifikator durch deine Erfolgswürfe auf **0%** reduziert hast, ist der Gegenstand fertig. Wird er vorher schon eingesetzt, musst du den noch verbleibenden Modifikator auf deinen jeweiligen Erfolgswurf anrechnen.

Beispiel: *Mirillia braucht dringend einen Liebestrank, damit sich der aufdringliche Zauberlehrling Faunus in seinen Besen verliebt, statt ihr nachzustellen. Die junge Hexe hat auch bereits alle Zutaten beisammen.*

Der Spielleiter hat für die Aktion eine mittlere Ausführungsdauer (ca. 5 Stunden) festgelegt und entschieden, dass der hohe Schwierigkeitsgrad für einen solchen Trank die Erfolgschance beim Brauvorgang reduziert (Modifikator –50%).

Die Heldin macht sich sogleich ans Werk, und ihre Spielerin führt einen Erfolgswurf mit Teilerfolgen aus.

Mirillias Wissensgebiet »geübte Hexe (75%)« reduziert sich durch den Modifikator von –50% auf 25%. Zusammen mit dem Würfelwurf von 63 ergibt sich ein Ergebnis von 88, was einem Teilerfolg von 60% entspricht. Der Trank ist erst zu etwas mehr als der Hälfte fertig, und die Spielerin notiert die temporäre Besonderheit »unvollständig (–40%) [bis fertig gestellt]«.

Die Hexe muss also noch eine weitere Aktionsrunde von ca. 5 Stunden in ihrer Küche verbringen, um den Trank fertig zu brauen. Bei ihrem zweiten Erfolgswurf hat die Spielerin jedoch Pech. Die Würfel zeigen eine 02, ein Missgeschick. Mirillia flucht ganz fürchterlich, als sie aus Versehen den Kessel umstößt und der gute Trank ins Feuer läuft. Sie muss von vorne beginnen. Die bisherigen 10 Stunden Arbeit waren für die Katz…

Der Spielleiter

Eine Anleitung zu schreiben, wie man als Spielleiter ein gutes Rollenspielabenteuer konzipiert, vorbereitet und durchführt, würde vermutlich ein eigenes Buch füllen. Was die Handlung betrifft, so gäbe es Themen zu erläutern, wie sie auch für erfolgreiche Buchautoren relevant sind. Für die Präsentation des Geschehens und zum Aufbau der richtigen Atmosphäre sind die Fähigkeiten eines guten Regisseurs gefragt. Zur Führung der Spieler kann ein gewisses psychologisches Verständnis nicht schaden, und zur Darstellung der vielen NSCs wären Kapitel über die Schauspielkunst erforderlich.

Dies alles zu vermitteln, kann und will *Gaudium Ludendi* nicht leisten. Für uns alle ist das Rollenspiel ein Hobby, und als solches soll es vor allem Spaß machen. Deshalb musst du als Spielleiter auch nicht perfekt sein. Jeder Spieler und Spielleiter entwickelt im Laufe der Jahre seinen eigenen Stil, der für ihn, seine Mitspieler und die Art und Weise, wie sie alle zusammen ihre Abenteuer erleben wollen, am besten passt. Dies geht meist von ganz alleine: learning by doing.

Wenn du bereits ein erfahrener Rollenspieler bist, kannst du das vermutlich bestätigen und hast vielleicht auch schon deinen eigenen Weg gefunden. *Gaudium Ludendi* will dich keineswegs von diesem abbringen. Genauso wenig will dir dieses kleine Regelwerk einen bestimmten Weg aufzwingen, falls dieses Hobby noch neu für dich ist.

Was dir *Gaudium Ludendi* in diesem Zusammenhang aber

gerne mitgeben möchte, sind ein paar Tipps für deine Funktion als Spielleiter, welche sich in langjähriger Spielpraxis als recht hilfreich herausgestellt haben. Natürlich sind auch dies nur Vorschläge, und du musst für dich selbst entscheiden, inwieweit sie für dich sinnvoll sind oder nicht.

Funke der Inspiration

Am Anfang steht immer eine Idee, für eine Spielwelt, für ein Abenteuer, für interessante Charaktere. Doch irgendwann kommt auch immer der Zeitpunkt, wo dir als Spieler oder Spielleiter die Ideen ausgehen.

Glücklicherweise gibt es einige interessante Hilfsmittel, die der Kreativität wieder auf die Sprünge helfen können:

Eines davon sind *Rory's Story Cubes®* der Firma *Asmodee Group* (*www.storycubes.com*). Diese lustigen Würfel gibt es zu allen möglichen Themen: Science-Fiction, Fantasy, Märchen, Comics, Krankenhaus, usw. Jeder Würfel besitzt andere, phantasievolle Bildchen, und wenn du einmal nicht recht weiter kommst, so kannst du einfach ein paar der Cubes werfen und dich von dem Ergebnis inspirieren lassen.

Eine andere Möglichkeit sind Spielkartensätze mit inspirierenden Bildern, wie sie von verschiedenen Firmen angeboten werden. Misch die Karten einfach und zieh beliebig viele. Dann schau dir die Abbildungen an und lass deiner Phantasie freien Lauf. Die *Idee!* Karten von *Flying Games* (*www.flyinggames.de*) sind hierfür ein gutes Beispiel. Daniela Festi hat für diesen Verlag sogar ein ganzes Buch geschrieben, in welchem ausführlich verschiedene Methoden für die Ideenfindung und das Rollenspiel mit Karten vorgestellt werden: *42! Ideen zum Rollenspiel mit Karten*

Kurz und knackig

Beeinflusst von berühmten, epischen Romanen, von Filmen und mehrbändigen Fantasy-Zyklen, ist man als Spielleiter oft versucht, auch sein eigenes Abenteuer entsprechend aufzubauen.

Es kann sehr reizvoll sein, wenn sich die Charaktere entlang einer dramatischen Handlung über viele Abenteuer hinweg vom einfachen Niemand zum großen Helden entwickeln, bis sie schließlich in der großen, finalen Schlacht zwischen Gut und Böse die Welt retten.

Stell dir vor, in deiner Kampagne sollen die Helden die Fürsten der Hölle daran hindern, die Herrschaft über das Berlin der 20er Jahre zu erlangen. Sie untersuchen das Verschwinden junger Frauen. Eine Spur führt zu einem Vampirclan. Helfen sie diesem, erfahren sie von einer okkulten Sekte, die durch Menschenopfer ein Höllentor öffnen will. Sie finden die Sekte, können aber nichts beweisen. Ein geheimnisvoller Auftraggeber erzählt von einem mystischen Schlüssel, der solche Tore schließen kann. Er liegt in einem verschütteten, keltischen Tempel im Gebiet eines Werwolfclans. Helfen sie diesem, können sie den Tempel erforschen und den Schlüssel finden. Der Auftraggeber entpuppt sich jedoch als der, von Dämonen besessene Sektenführer und *öffnet* mit dem Schlüssel das Tor. Aus diesem strömt ein Dämonenheer. Die Vampire und Werwölfe beschäftigen dieses, während die Charaktere das Tor betreten, sich durch alle neun Kreise der Hölle kämpfen, den Schlüssel vernichten und damit auch das Tor und das Dämonenheer.

Ein Romanautor hat den Vorteil, dass er solche komplexen Handlungsstränge nach seinem Belieben spinnen kann, denn nur er trifft die Entscheidungen, und die Ereignisse werden sich so entwickeln, wie er sie sich vorstellt. Als Spielleiter können dir derart lange und starre Ereignisfolgen jedoch Probleme bereiten.

Du gibst zwar die Situationen vor, aber die Spieler entscheiden, was ihre Charaktere tun, und in welche Richtung sie weiter machen. Und je länger der Zeitraum ist, für den deine Kampagne ausgelegt ist, desto schwieriger wird es, die Entscheidungen der Charaktere schon vor Spielbeginn zu erahnen bzw. das Geschehen auf Kurs zu halten, um die geplanten Kapitel und das geplante Ende zu erreichen. Schließlich sollen die Spieler sich nicht gegängelt fühlen, und ihre Charaktere nicht zu bestimmten Handlungen gezwungen werden.

Was, wenn die Helden in obigem Beispiel sich überhaupt nicht um die verschwundenen Frauen scheren? Was, wenn sie den gefundenen Schlüssel nicht dem Auftraggeber aushändigen, sondern für sich behalten? Was, wenn sie es sich mit den Werwölfen oder Vampiren verscherzen, statt ihnen zu helfen?

Soll man den Spielern diese Aktionen einfach verbieten oder ihre guten Ideen scheitern lassen, bis sie endlich die eine Idee aufgreifen, die man als Spielleiter an dieser Stelle vorgesehen hat, nur damit die Handlung wie geplant weiter gehen kann? Wohl eher nicht.

Um diese Probleme zu vermeiden, solltest du deshalb bei der Definition deiner Kampagne zu Beginn lieber etwas kleinere Brötchen backen. Das Ziel sollte in nicht all zu weiter Ferne liegen und von nicht all zu vielen, im Voraus festgelegten Ereignissen und erforderlichen Handlungen der Charaktere abhängen.

Deine Ideen für die vielen anderen möglichen Ereignisse auf dem Weg zum Ziel, musst du deshalb ja nicht gleich über Bord werfen. Du solltest sie lediglich nicht als starre Abfolge einplanen, sondern als einen Baukasten von Optionen ansehen, aus dem du dich zur rechten Zeit bedienen kannst, abhängig von den Entscheidungen der Spieler.

So verlängert sich die Kampagne ganz automatisch, wenn

die Spieler Interesse an bestimmten Personen, Orten oder Geschehnissen entwickeln und sich genauer mit diesen beschäftigen. Und wenn dadurch nicht alle Ereignisse ins Spiel kommen, ist das auch nicht schlimm. Die Spieler wissen schließlich nichts davon, und du kannst sie in deiner nächsten Kampagne einsetzen.

Wenn die Helden die Sekte ohne die Vampire aufspüren, könnten sie diese später immer noch treffen, wenn sie vor der Dämonenarmee fliehen. Oder du könntest ihnen mehr Werwölfe zur Seite stellen und die Vampire in einer anderen Kampagne ins Spiel bringen.

Ein weiteres Problem kann sein, dass Spieler keine Zeit mehr für das Rollenspiel haben und abspringen, dass der Spielleiter wechselt oder ihr einfach feststellt, dass der aktuelle Handlungsstrang doch keine so gute Wahl war. Steckt ihr dann mitten in einer lang angelegten Kampagne, wird es schwer, diese zu einem schnellen und passenden Ende zu bringen, um ein neues Abenteuer zu beginnen.

Deshalb schadet es nicht, wenn du dir alternative Wege ausdenkst, auf welchen die Helden, vielleicht unter glücklichen Umständen, aber zumindest auf plausible Weise schneller zum Ende der Kampagne gelangen können, falls erforderlich.

Eventuell erfahren die Helden von einem Weg, den Sektenführer noch vor dem Öffnen des Tors zu vernichten. Oder vielleicht finden sie gleich im ersten Höllenkreis eine Gelegenheit, dem dortigen Fürsten zu helfen, sich zum obersten Herrscher aller neun Kreise aufzuschwingen und den Schlüssel für sie zu vernichten.

Aus aller Welt...

Manchmal möchtest du vielleicht in deine Spielwelt weitreichende Ereignisse einbauen, die sich zunächst im Hintergrund des Abenteuers ereignen, z. B. die Pest, die das Land plagt oder eine Invasion durch Außerirdische. Und solange es sich dabei nicht um das eigentliche Thema des Aben-

teuers handelt, sondern lediglich um ausschmückendes Beiwerk, das für eine gewisse Atmosphäre sorgen soll, ist dies auch überhaupt kein Problem.

Wenn jedoch bestimmte Handlungsstränge im Abenteuer selbst vom Eintreten dieser Ereignisse abhängen und von deren bestimmten Verlauf, so ist Vorsicht geboten.

Denn in diesem Fall besteht durchaus die Wahrscheinlichkeit, dass die Charaktere, respektive die Spieler, ihre Aufmerksamkeit nicht nur auf ihre eigentliche Aufgabe richten, sondern auch auf die Hintergrundgeschehnisse, um sie zu beeinflussen oder zu vereiteln. Tritt dieser Fall ein, muss das Abenteuer trotzdem weitergehen können.

Wird z. B. der Inselstaat, auf welchem die Helden leben, von einem tyrannischen Diktator beherrscht, so können die Spieler schnell auf die Idee kommen, die Welt von diesem Mann zu befreien. Und wenn du nun für einen späteren Zeitpunkt im Abenteuer geplant hattest, dass der Schurke einen Krieg mit einer Nachbarinsel anzetteln soll, so könntest du ein Problem bekommen.

Deshalb solltest du deine Kampagne so aufbauen, dass die Handlung nicht auf ein bestimmtes Hintergrundgeschehen angewiesen ist oder zumindest ein alternativer Handlungsstrang existiert, wenn die geplanten Ereignisse anders verlaufen, als gewünscht.

Laaaangweilig!

Im Handlungsverlauf eines Abenteuers solltest du als Spielleiter möglichst keine Situationen einplanen, in denen die Charaktere längere Zeit tatenlos auf das Eintreten eines bestimmten Ereignisses warten müssen, bevor sie mit ihren jeweiligen Vorhaben fortfahren können. Das Spiel zieht sich sonst unnötig in die Länge, und wenn die Spieler keine Aufgaben haben, werden sie, die Wartezeit mit anderweitigen Aktionen überbrücken, die am Ende möglicherweise sogar den Fortgang des Abenteuers gefährden.

Sind solche Situationen unumgänglich, hilft es, explizit

die Wartezeit zu überspringen und erst danach wieder in die Handlung einzusteigen: *»Ihr wartet also die drei Tage ab, bis der Bote zurückkehrt. Während dieser Zeit geschieht weiter nichts Besonderes. Am dritten Tage klopft es dann morgens an die Tür…«*

Mittel und Wege

Viele Computer-Rollenspiele oder Action-Adventures werben damit, dass die Hindernisse und Rätsel, die dem Spieler in den Weg geworfen werden, auf unterschiedlichste Weise bewältigt werden können. So kann jeder seinen eigenen Spielstil finden, und auch der Wiederspielwert erhöht sich.

Leider reduzieren sich diese Varianten oft nur auf unterschiedliche Mittel, statt wirklich grundlegend verschiedene Lösungswege vorzusehen.

In vielen Fällen wird sowieso immer von einer gewaltsamen Strategie ausgegangen, und der Unterschied besteht hauptsächlich darin, auf welche Weise die Gegner um die Ecke gebracht werden: mit Zaubersprüchen, mit Schwertern, mit Feuerwaffen, durch Meucheln, …

Und oftmals tappt man auch im Tischrollenspiel in diese Falle, wenn man sich Gedanken über die Lösungsmöglichkeiten macht, die man den Spielern bieten möchte.

Um dies zu verhindern und dir eine Gedankenstütze zu geben, sowie die Möglichkeit, die Kreativität in anderen Bahnen zu lenken, kannst du dir das folgende Diagramm vor Augen führen:

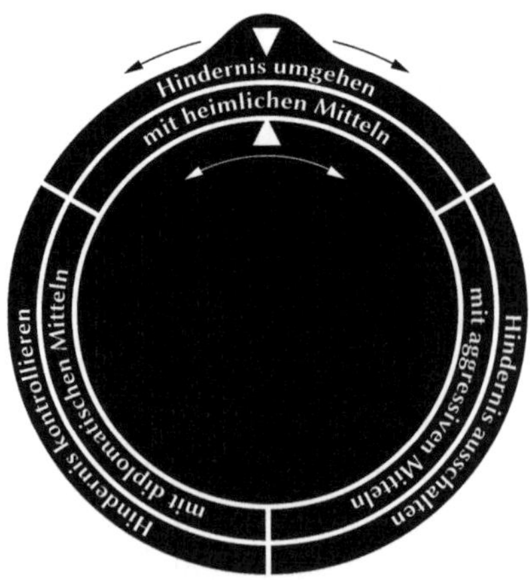

Es teilt alle Lösungswege, mit welchen die Charaktere ein ihnen in den Weg gestelltes Hindernis überwinden können, in drei grobe Bereiche:

- **Hindernis umgehen**, um nicht in dessen Einflussbereich zu geraten
- **Hindernis kontrollieren**, um dessen Einfluss an die eigenen Pläne anzupassen
- **Hindernis ausschalten**, um dessen Einfluss außer Gefecht zu setzen

Das Gleiche gilt für die Mittel, mit welchen die Charaktere versuchen, obige Wege zu beschreiten:

- **Mit heimlichen Mitteln**, von denen niemand etwas mitbekommt
- **Mit diplomatischen Mitteln**, die auf Kooperation beruhen
- **Mit aggressiven Mitteln**, die als feindselig angesehen werden

Auf den ersten Blick mag das stark an die klassische Dreiteilung der Charaktertypen aus dem Fantasy-Bereich erinnern: *Dieb*, *Magier* und *Krieger*. Aber das ist nur zum Teil richtig, denn du kannst für jeden von ihnen Beispiele für alle drei Mittel und alle drei Wege finden (wie in den Beispielen in Tabelle 1: *Mittel und Wege – Beispiele*).

Das Mittel	**Der Weg**		
	Umgehen	**Kontrollieren**	**Ausschalten**
Heimlich	Dieb klettert ungesehen von Wache über Mauer	Dieb marschiert verkleidet an Wache vorbei	Dieb mischt Abführmittel in Essen, Wache muss Tor verlassen
Diplomatisch	Dieb überredet Magd, ihn zum Hintereingang einzulassen	Dieb besticht Wache, ihn einzulassen	Dieb macht Wächter vor Wachantritt sturzbetrunken
Aggressiv	Dieb rennt an Wache vorbei und entkommt in Verfolgungsjagd	Dieb bedroht Geisel, um an Wache vorbeizukommen	Dieb erschießt Wache mit Armbrust

Tabelle 1: *Mittel und Wege – Beispiele*

Heureka!

Hast du in dein Abenteuer interessante Geheimnisse eingebaut, oder wichtige Geschehnisse, die sich im Hintergrund abspielen, so wird es immer wieder vorkommen, dass deine Spieler beim Zusammensetzen der Puzzle-Stücke auf die seltsamsten Ideen kommen. Die Schlüsse, die sie ziehen und die Zusammenhänge, die sie zu entdecken glauben, haben dabei oft nur wenig mit dem zu tun, was du dir selbst für deine Geschichte ausgedacht hast. Und wenn sie die richtigen Schlüsse ziehen, so kommen sie oft auf Lösungen und schmieden Pläne, mit denen du im Traum nicht gerechnet hättest.

Da du jedoch der einzige bist, der deine eigenen Ideen wirklich kennt, stellt dies überhaupt kein Problem dar.

Ist die Story, welche sich die Charaktere ausmalen besser, als das was du dir ausgedacht hast, dann haben sie von da an einfach recht mit ihrer Annahme. In gewisser Weise haben sie dir damit die Arbeit abgenommen, eine spannende Geschichte zu präsentieren. Und da es sich um ihre eigenen Ideen handelt, werden die Spieler diese auch für glaubwürdiger halten, und schneller als Wahrheit akzeptieren, was dir wiederum Überzeugungsarbeit spart.

Was die Lösungsstrategien der Charaktere betrifft, so ist man als Spielleiter oft versucht, nur die Pläne als erfolgreich zuzulassen, die man selbst in Betracht gezogen hat. Doch das ist oftmals der falsche Weg.

Wenn die Ideen der Spieler nicht vollkommen an der Situation vorbeigehen, sondern sehr wohl erfolgversprechend sind, so solltest du über deinen Schatten springen und den Charakteren eine Chance geben, auch wenn die Lösung oder das Ende des Abenteuers dadurch schneller erreicht wird, als ursprünglich geplant. Du schenkst den Spielern damit ein größeres Erfolgserlebnis und sie werden es dir mit noch mehr Engagement in weiteren Kampagnen danken.

Und deine eigenen Ideen sind damit ja auch nicht

zwangsläufig verloren. Da sie bisher noch niemand kennt, kannst du sie ohne Probleme in neuen Abenteuern einbauen.

Macht und Einfluss

Viele Spieler brauchen das Gefühl, etwas bewegt zu haben. Die Aktionen ihrer Charaktere sollen die Handlung spürbar beeinflussen, und dabei wollen sie es sein, die entscheiden, was ihre Helden unternehmen, und warum, und das zu Recht. Andernfalls würden die Charaktere zu Marionetten degradiert, die vom Spielleiter durch ein schlauchartiges Abenteuer getrieben werden.

Als Spielleiter hast du die Kontrolle über die gesamte Spielwelt. Der Spieler hingegen hat lediglich seinen Charakter. Also ist es nur fair, wenn er auch über dessen Tun und Lassen bestimmen darf.

Deshalb solltest du als Spielleiter deine Abenteuer so gestalten, dass du nicht gezwungen bist, bestimmte Handlungen der Charaktere zu verbieten, nur weil diese die ganze geplante Handlung über den Haufen werfen würden.

Das fängt bei Kleinigkeiten an, wie der Entscheidung der Spieler nach Norden zu gehen, obwohl deine Geschichte die südliche Richtung vorsieht, weil dort der Einstieg ins Abenteuer wartet, und reicht bis hin zu politischen Entscheidungen, die das ganze Weltgeschehen verändern.

Was, wenn die Spieler auf die Idee kommen, den König abzusetzen, um damit den drohenden Krieg zu verhindern, obwohl die gesamte Kampagne auf eben diesem aufbaut?

Du solltest also auf derart unveränderliche Schlüsselereignisse in deinem Abenteuer verzichten oder auf plausible Weise dafür sorgen, dass die Charaktere keine entsprechende Macht, bzw. Gelegenheit erlangen, etwas daran zu ändern. Dann brauchst du es ihnen auch nicht zu verbieten.

Und wenn ihr gerade ein neues Abenteuer beginnt, dann spricht auch nichts dagegen, einfach miteinander darüber zu reden: *»Damit die Geschichte ihren Lauf nehmen kann, müssten wir davon ausgehen, dass ihr euch alle in der südlichen Stadt befindet.«*

Oder: *»Was haltet ihr davon, ein Abenteuer zu spielen, welches vor dem Hintergrund eines großen Krieges spielt?«*

Von Ratten und Drachen

Wenn eure Spielweise so ausgelegt ist, dass die Helden im Laufe der Geschichte immer mächtiger werden, dann kann es sinnvoll sein, auch die Gegner im Laufe der Zeit immer gefährlicher werden zu lassen, damit auch erfahrene Charaktere immer wieder vor echte Herausforderungen gestellt werden können.

Als Spielleiter solltest du dabei aber darauf achten, dass NSCs vom selben Typ auch immer die selbe Mächtigkeit, d. h. die selben Erfahrungsstufen in ihren Wissensgebieten besitzen, wie beim vorherigen Mal, als die Charaktere ihnen begegneten. Nur so haben die Spieler die Möglichkeit, die Gefahr richtig einzuschätzen, die von den Gegnern ausgeht, und nur so können sie den Leistungszuwachs ihrer eigenen Figuren auch tatsächlich spüren.

Wenn die Ratte am Ende der Heldenreise genauso schwer zu besiegen wäre, wie die Ratte am Anfang, würden sich viele Spieler zu Recht fragen, wozu sie sich dann überhaupt die Mühe machen sollen, ihren Charakter weiterzuentwickeln.

Natürlich kann es auch Ausnahmen geben, z. B. wenn der Gegner nicht einfach nur vom selben Typ ist, sondern wenn es sich um ein und dieselbe

Person handelt, und wenn diese sich im Laufe der Kampagne selbst verbessern konnte. In diesem Fall erklärt sich aber der Anstieg der Gefährlichkeit durch echte Veränderungen in der Spielwelt oder Geschichte, und nicht nur durch die bloße Tatsache, dass die Spieler-Charaktere mächtiger wurden.

In allen anderen Fällen ist es besser, die Herausforderung für die Spieler zu erhöhen, indem du einfach neue, gefährlichere Typen von NSCs einführst.

Die normalen Stadtwachen bleiben also immer *»einfache Stadtwachen (75%)«*, egal wie mächtig die Charaktere in der Zwischenzeit auch geworden sind. Im späteren Verlauf der Geschichte, brauchen sie sich vor diesen Typen vermutlich nicht mehr zu fürchten. Dafür bekommen sie es dann aber vielleicht mit *»kaiserlichen Elitesoldaten (125%)«* zu tun, welche ihnen ordentlich einheizen.

Umgekehrt spricht aber nichts dagegen, wenn du schon frühzeitig in der Kampagne NSCs präsentierst, die den Helden überlegen sind. Vorausgesetzt natürlich, du lässt sie dabei nicht ins offene Messer laufen, sondern gibst ihnen auch die Gelegenheit zu erkennen, dass sie gegen diesen Gegner keine Chance haben.

So erhalten die Spieler einen Anreiz, die Fähigkeiten ihrer Figuren zu verbessern, und du machst ihnen gleichzeitig klar, dass sie sich nicht einfach blind mit jedem NSC anlegen können, in der irrigen Annahme, der Spielleiter würde die Gefährlichkeit des Gegners schon an die Mächtigkeit ihrer Charaktere anpassen.

Oder aber ihr verzichtet einfach auf das Wettrüsten und eure Charaktere bleiben das ganze Abenteuer über so mächtig, wie sie zu Beginn erschaffen wurden. Wenn sie bereits von Anfang an auf ihren Gebieten kompetent genug sind und eine Vielzahl von Handlungsmöglichkeiten haben, kommt bei den Spielern oftmals erst gar nicht das Verlangen auf, immer besser und besser zu werden.

Außerdem sollte es in einer guten Geschichte sowieso immer genug andere Anreize geben, in ein Abenteuer zu ziehen, als immer nur neuen und mächtigeren Gegnern gegenüberzutreten.

Team-Building

Eine schwierige Aufgabe am Anfang jedes Rollenspielabenteuers kann es sein, die Spieler-Charaktere zu einer Gruppe zusammenzuschweißen, die ein gemeinsames Ziel verfolgt. Legt ihr nicht viel Wert auf Realismus und wollt einfach nur Spaß haben, so spricht natürlich nichts dagegen, den klassischen Ansatz zu wählen: *»Ihr trefft euch zufällig in der Kneipe um die Ecke, wo euch eine geheimnisvolle Frau anspricht. Sie bittet euch folgendes für sie zu tun…«*

Doch schnell fragt man sich, warum eine Person einen wichtigen Auftrag irgendwelchen wildfremden Leuten anvertrauen sollte, und wieso diese Leute, die sich oftmals nicht einmal gegenseitig kennen, plötzlich einander vertrauen und gemeinsam an einem Strang ziehen sollten und vielleicht sogar ihr Leben für diese fremde Person riskieren.

Willst du einen etwas glaubwürdigeren Einstieg inszenieren, so ist es nötig etwas mehr Hirnschmalz in die Ausarbeitung des Szenarios zu stecken:

- Wieso kommen die Charaktere zusammen?
- Wieso werden gerade sie in das Abenteuer verwickelt?
- Wieso interessieren sie sich für die Lösung des Problems?
- Was hält die Gruppe zusammen?

Dabei musst du diese Fragen als Spielleiter nicht zwangsläufig alleine beantworten. Es spricht nichts dagegen, sich zu beginn der Kampagne mit den Spielern zusammenzusetzen, und gemeinsam darüber nachzudenken. Erstellt euch dazu einfach eine eigene Checkliste mit Fragen wie den obigen, die euch für einen glaubwürdigen Einstieg ins Abenteuer wichtig sind.

Bei der Erstellung der Helden versucht ihr dann gemeinsam, diese Fragen so zu beantworten, dass die Charaktere genügend Motivation und Beziehungen untereinander besitzen, um eine Abenteurergruppe zu bilden und sich für die ihnen gestellten Aufgaben zu interessieren.

In dieser Diskussion müssen nicht alle Details zu jeder Figur auf den Tisch kommen. Jeder Spieler darf gerne seine kleinen Geheimnisse mit dem Spielleiter haben. Lediglich die groben Zusammenhänge und generellen Beziehungen sollten geklärt werden.

Dieses Konzept zur Zusammenstellung einer Abenteurergruppe wurde unter der Bezeichnung **Group Template**, bzw. **Gruppenvorlage** von *Fear the Boot*, einem bekannten Rollenspiel-Podcast im Internet (*www.feartheboot.com*) veröffentlicht.

Anders und stolz darauf

Immer wieder kommen kreative Spieler auf die Idee, ihrem Charakter ausgefallene Besonderheiten mitzugeben, welche diesen vom Durchschnittshelden abheben und neue Fähigkeiten verleihen sollen.

Als Spielleiter solltest du auf jeden Fall darauf achten, dass der Held während des Abenteuers auch wirklich in Situationen kommt, in welchen diese Besonderheiten zum Tragen kommen.

Dies gilt erst recht, für Besonderheiten, die für die Spielfigur von Nachteil sind, schließlich müssen die Vorteile bei der Charaktererschaffung durch entsprechend hohe Nachteile ausgeglichen werden. Als Spieler ist man dabei versucht, negative Besonderheiten auszuwählen, die sich im Spiel möglichst kaum bemerkbar machen.

In diesem Fall solltest du als Spielleiter nicht nur dafür sorgen, dass der Nachteil in Erscheinung treten kann und den Helden behindert, sondern dass sich dabei auch eine spannende oder lustige Situation, vielleicht sogar eine entscheidende Wendung in der Geschichte ergibt, z. B. ein Charakter, der eine Schießerei nur überlebt, weil er in seine Beinprothese getroffen wird, auch wenn sie ihn sonst eher behindert.

Nur so könnt ihr dem ungewöhnlichen Charakter des Helden auch tatsächlich Geltung verschaffen und nur so wird sich bei allen Spieler ein befriedigendes Gefühl einstellen, weil niemand übermächtig ist. Außerdem wird dadurch deutlich, dass es sich lohnt, ein wenig mehr Aufwand in die Charaktererschaffung zu investieren, und ausgefallene Ideen ins Rollenspiel einzubringen, egal ob zum eigenen Vor- oder Nachteil.

Kenne deine Chancen

Wenn die Spieler-Charaktere in eurem Abenteuer die Möglichkeit haben, ihre Fähigkeiten im Laufe des Spiels zu verbessern, solltest du als Spielleiter darauf achten, dass die Helden nicht zu mächtig werden. Andernfalls wird es immer schwerer, glaubwürdige Gegner einzuführen, die ihnen gefährlich werden können.

Viele Spieler versuchen instinktiv ihre Charaktere immer weiter zu steigern, weil sie das Gefühl haben, ihre Figuren seien den NSCs nicht ebenbürtig. Möglicherweise haben sie früher schlechte Erfahrungen mit

Abenteuern gemacht, in welchen die Gegner immer zu gefährlich angelegt waren, oder in welchen sich die Gegner zu stark an die Fähigkeiten der Helden angepasst haben, als dass eine echte Verbesserung spürbar gewesen wäre (siehe Abschnitt *Von Ratten und Drachen* auf Seite 130).

Nur, wenn du den Spielern von Anfang an mitteilst, welche Erfahrungsstufe in deiner Spielwelt den Durchschnitt für Wissensgebiete darstellt, und mit welchen Werten ein Charakter als überdurchschnittlich angesehen wird, kann der Spieler sich darauf einstellen und muss nicht mehr auf Teufel komm raus versuchen, immer höhere Erfahrungsstufen zu erreichen. Wenn du dann auch noch die Durchschnittswerte entsprechend niedrig hältst, kannst du das typische Wettrüsten vermeiden.

Freund und Feind

Aus organisatorischen Gründen solltest du dein Abenteuer so gestalten, dass es nicht nötig ist, wichtige NSCs als Unterstützung für die Gruppe der Charaktere mitzuschicken. Auch wenn die Spieler von sich aus fremde Abenteurer anheuern wollen, solltest du dies nur in Ausnahmefällen und in begrenztem Umfang erlauben.

Andernfalls wird es einfach zu unübersichtlich, wenn in kritischen Situationen die Aktionen dutzender Charaktere auf Seiten der Spieler und möglicherweise auch Gegner koordiniert und beurteilt werden müssen. Außerdem könnten die Spieler das Gefühl bekommen, nicht sie hätten das Problem gelöst, sondern die NSCs.

Dies gilt natürlich nicht für »unwichtige« NSCs wie Diener, Zofen, Köche und dergleichen, die an den eigentlichen Abenteueraktionen nicht teilnehmen, sondern lediglich das Gepäck tragen und für Bequemlichkeit sorgen.

Sollte es doch einmal zu Konflikten kommen, an denen viele Personen beteiligt sind, solltest du nur die Aktionen der Spieler-Charaktere und ihrer direkten Gegner den Regeln entsprechend auswürfeln (höchstens noch die von we-

nigen, wichtigen Schlüsselfiguren). Konflikte zwischen den anderen NSCs, sollten entweder nach Gutdünken oder zumindest nach vereinfachten Regel abgehandelt werden.

So wie *Gaudium Ludendi* in Abschnitt *Team vs. Team* auf Seite 84, stellen auch andere Spielsysteme besondere Regeln für Massenkonflikte bereit, vor allem, wenn sie eher zur Riege der Table-Top-Strategiespiele gehören. Wenn ihr solche Systeme bereits kennt und Spaß daran habt, große Schlachten zu simulieren, so spricht natürlich nichts dagegen, diese Situationen nach solchen Regeln abzuhandeln.

Im Allgemeinen ist es für die erzählte Geschichte aber besser, wenn du als Spielleiter den Ausgang großer Schlachten von vornherein festlegst, statt ihn dem Zufall zu überlassen. Schließlich sollen diese epischen Ereignisse ja meist nicht nur dem Selbstzweck dienen, sondern zur Verdichtung der Atmosphäre beitragen.

Dies soll natürlich nicht bedeuten, das die Charaktere keinen Einfluss auf die Kämpfe nehmen können. Vielleicht tragen ihre Abenteuer ja dazu bei, dass sich neue Verbündete auf ihre Seite stellen, neu erfundene Waffen oder erbeutete Artefakte den entscheidenden Vorteil bringen, oder aber Missverständnisse aufgeklärt und somit Kriege gleich ganz verhindert werden.

Fräulein, zum Diktat

Wenn ihr für das Rollenspiel nur wenig Zeit habt, und zwischen den einzelnen Spielsitzungen mehrere Wochen liegen, dann kann es schnell passieren, dass ihr nicht mehr genau wisst, was beim letzten Mal passiert ist.

In diesem Fall kann es helfen, bei jeder Sitzung einen Spieler auszusuchen, der die Geschehnisse stichpunktartig mitprotokolliert.

So könnt ihr zu Beginn der nächsten Sitzung noch einmal Revue passieren lassen, was sich bisher alles ereignet hat, und wie weit die Charaktere in ihrem Abenteuer gekommen sind. Dadurch nimmt das Spiel in der Regel schneller wieder Fahrt auf.

Wer Lust und Zeit hat, kann als Hausaufgabe sogar versuchen, die Geschehnisse als kleine Geschichte auszuformulieren. Wenn er diese dann beim nächsten Mal vorliest, hilft euch das vielleicht, wieder die Stimmung herzustellen, die am Ende der letzten Spielsitzung geherrscht hatte.

Musik liegt in der Luft

Wenn du gerne Filme siehst, dann weißt du, wie wichtig Musik sein kann, um die nötige Atmosphäre und Stimmung aufzubauen. Dabei fügen sich die Töne in der Regel ganz unauffällig in die Szene ein. Trotz der häufig vorhandenen Lautstärke lenken sie nicht vom Geschehen ab, sondern unterstützen es, und oft nimmt der Zuschauer sie überhaupt nicht bewusst war.

Vielleicht bist auch du schon auf den Gedanken gekommen, dass das Rollenspiel ebenfalls von geeigneter Musik profitieren könnte. Aber auch wenn dies im Prinzip stimmt, ergibt sich doch das Problem, dass der Handlungsverlauf beim Rollenspiel nicht von Anfang an feststeht. Jeden Moment kann sich eine ganz neue Situation ergeben, und es ist für den Spielleiter extrem schwierig, dann immer sofort eine neue, passende Melodie aus dem CD-Player oder PC zu zaubern.

Selbst wenn es eine Filmmusik gibt, die vom Thema genau

zum Abenteuer passen würde, so hätte sie doch einen anderen Spannungsbogen, und du müsstest immer wieder Pause machen, oder zwischen den verschiedenen Tracks hin und her wechseln. Mit der heutigen Technik und einer guten Vorbereitung ist dies sicherlich möglich, aber es kann dich auch genauso gut von deiner eigentlichen Aufgabe ablenken, nämlich das Spiel zu leiten.

Einfacher ist es, Musik nur in bestimmten Szenen einzusetzen, die in sich abgeschlossen und dadurch besser zu kontrollieren sind.

Das könnte zum Beispiel zu Beginn des Abenteuers sein, wenn du die Spieler auf die Geschichte und die erste Szene einstimmst, oder am Beginn der einzelnen Spielsitzungen, wenn einer von euch die Zusammenfassung vom letzten Mal vorliest.

Aber auch Szenen bieten sich an, bei welchen in der Spielwelt tatsächlich Musik zu hören ist, z. B. wenn die Charaktere in einen neuzeitlichen Club gehen, wo gerade ein DJ auflegt, oder wenn sie in einer Taverne übernachten und dem Barden zuhören.

Dann kannst du problemlos einige passende Songs aus den Charts oder von einer der vielen Mittelaltergruppen abspielen, was eben zur jeweiligen Welt passt. Für den Ball beim König sind vielleicht ein paar klassische Stücke geeignet.

In den letzten Jahren haben sich aber auch noch andere Möglichkeiten in Form von Apps und Web-Seiten aufgetan, die verschiedene Geräuschen zu verschiedenen Themen abspielen. Hierbei handelt es sich nicht um Musik, sondern um atmosphärische Töne wie Regen, Blätterrascheln, Vogelzwitschern, Stimmengewirr, hallende Tropfen in der Höhle und dergleichen.

myNoise (*mynoise.net*) ist hierfür ein gutes Beispiel.

Die Geräusche werden nicht kontinuierlich wiederholt, sondern in zufälligen Abständen eingespielt, abwechselnd mit anderen, dazu passenden Tönen, mal leiser, mal lauter. So wirken sie natürlicher, und das Ohr wird nicht durch erkennbare Muster abgelenkt.

Klassifizierung: Waffen

In vielen Rollenspielregelwerken gibt es ganze Kapitel, in welchen ausführlichst auf das Kämpfen eingegangen wird. Meist findest du dort auch Tabellen voller Waffen- und Rüstungsbeschreibungen.

Gaudium Ludendi verzichtet bewusst auf all dies, um das Spielgeschehen nicht nur auf eine Konfliktlösung mit Waffengewalt zu konzentrieren. Außerdem werden Kämpfe auf die gleiche Weise behandelt wie alle anderen Tätigkeiten auch, und so sind erst gar keine speziellen Regeln nötig.

Wenn du und deine Mitspieler besonderen Wert auf ausgeklügelte Kampfsimulationen legt, empfiehlt es sich eher, ein anderes Regelsystem zu verwenden. Oder ihr versucht die entsprechenden Regeln eures Lieblingssystems in *Gaudium Ludendi* zu integrieren.

Ihr könnt euch auch einfach von den dort beschriebenen Waffen und Rüstungen inspirieren lassen, ebenso von jenen, welche die Helden in euren Lieblingsbüchern und Lieblingsfilmen mit sich führen.

Dabei gilt, dass es keine perfekte Waffe gibt. Andernfalls wären im Laufe der menschlichen Geschichte nicht so viele verschiedene Typen entstanden (in wieweit die Menschheit darauf stolz sein kann, sei dahingestellt).

Natürlich gab es Waffen, die anderen unterlegen waren, aber dies war meist darin begründet, dass zum Zeitpunkt ihrer Entwicklung die nötigen Materialien und Herstellungstechniken fehlten, um etwas besseres zu produzieren. Oder aber die Besitzer konnten sich keine bessere Ausrüstung leis-

ten und mussten gezwungenermaßen auf improvisierte Waffen zurückgreifen, die aus den Werkzeugen ihrer täglichen Arbeit hervorgingen, z. B. Mistgabeln.

Es existieren aber auch viele verschiedene Arten von Waffen, deren grundlegende Konzepte sich über Jahrhunderte erhalten haben, lediglich angepasst an den jeweils vorhandenen Technologiegrad und die vorherrschende lokale und zeitliche Mode. Und innerhalb der selben Zeitperiode müssen sie alle ihre Begründung gehabt haben, sonst hätten sie sich nicht alle weiterentwickelt, sondern wären schnell wieder, zugunsten einer überlegenen Art von Waffe, in Vergessenheit geraten.

Wieso verwendeten die Menschen in der Steinzeit also sowohl Speere, als auch Steinbeile und Steindolche? Wieso gab es in der Antike neben Kurzschwertern auch noch Speere und Dolche? Wieso kämpften die Ritter des Mittelalters nicht nur mit dem Schwert, sondern auch mit Dolchen, Morgensternen, Streitkolben, Äxten und Lanzen? Und wieso verwenden auch moderne Soldaten nicht nur ein Sturmgewehr, sondern auch Pistolen, Maschinenpistolen, Maschinengewehre und Messer?

Vermutlich deshalb, weil die verwendete Waffe zu den jeweiligen Umständen passen muss. In gewissen Situationen ist eben eine Waffe besser geeignet, in anderen Situationen wiederum eine andere. Dieser Tatsache solltest du als Spielleiter auch im Rollenspiel Rechnung tragen. Zunächst musst du deinen Spielern verdeutlichen, dass es eben nicht die eine überlegene Waffe gibt. Sie alle haben ihre Vor- und Nachteile und sollten danach ausgewählt werden, wie gut sie zur Atmosphäre des Spiels und zu den Eigenarten des jeweiligen Charakters passen. Wenn dann ein Spieler eine Waffe für seinen Helden wählt, ist es umso wichtiger, ein bewusstes Abweichen vom Standard (z. B. eine Mordaxt anstatt eines Schwertes) zu honorieren, indem du die Charaktere in Situationen führst, in denen sie die unterschiedlichen Vorteile ihrer Ausrüstung auch ausspielen können.

Regeltechnisch werden Waffen und Rüstungen in *Gaudium Ludendi* als Werkzeuge behandelt, die deinem Helden einen Bonus oder Malus auf den Erfolgswurf, und in manchen Fällen auch zusätzliche Handlungsmöglichkeiten einbringen. Je gefährlicher die Waffe deines Charakters für dessen Gegner ist, desto größer ist der Bonus den er auf seinen Angriff erhält, und je besser er durch seine Rüstung geschützt ist, desto größer ist der Malus, den der Gegner bei seinem Wurf hinnehmen muss.

Obwohl dieses Prinzip recht einfach ist, kann es manchmal schwierig sein, die Gefährlichkeit einer bestimmten Waffe, bzw. die Schutzwirkung einer bestimmten Rüstung richtig einzuschätzen, und einen passenden Modifikator festzulegen. Für manche Spieler ist dies aber sehr wichtig. Gerade weil es um das Leben ihrer Helden geht, können sie recht empfindlich reagieren, wenn sie deine Entscheidungen diesbezüglich als zu willkürlich und inkonsistent empfinden.

Die Hinweise in Tabelle 1: *Modifikatoren in Kämpfen* sollen dir helfen, die Modifikatoren von Waffen zu beurteilen, abhängig von deren Beschaffenheit und Qualität, dem Schutz des Verteidigers, sowie der allgemeinen Situation.

Hier spielt auch die **ideale Distanz (ID)** der Waffe eine Rolle, d. h. ihre Länge und die Reichweite, für die sie ausgelegt ist.

Situation							MF
Angreifer[1]	verwendet im Nahkampf	unbewaffneten Schlag/Wurf/Hebel (ID: kurz)					−50%
		stumpfe Hiebwaffe (ID: kurz/mittel[2], ID: lang[3])					−25%
		stumpfe Wuchtwaffe (ID: kurz[2], ID: mittel[3])					−25%
		scharfe Hieb-/Stichwaffe (ID: kurz/mittel[2], ID: lang[3])					±0%
		scharfe Wuchtwaffe (ID: kurz[2], ID: mittel[3])					±0%
		bis	1×ID	2×ID	4×ID	8×ID	∞
	verwendet im Fernkampf	stumpfe Wurfwaffe[2] (ID: 5 m)	−25%	−50%	−75%	−100%	−125%
		scharfe Wurfwaffe[2] (ID: 5 m)	±0%	−25%	−50%	−75%	−100%
		Pistole[2] (ID: 10 m)	+50%	+25%	±0%	−25%	−50%
		Bogen/Armbrust[3] (ID: 25 m)	+25%	±0%	−25%	−50%	−75%
		Gewehr[3] (ID: 25 m)	+75%	+50%	+25%	±0%	−25%
		mit Zielfernrohr[3] (ID: 50 m)	+75%	+50%	+25%	±0%	−25%
Angreifer[1]	trägt	weder Schild, noch Panzerhandschuh, noch Waffe mit Handschutz					−25%
Waffe[1]	ist von	improvisierter/minderwertiger Qualität					−25%
		normaler Qualität					±0%
		hochwertiger Qualität					+25%
Waffe	besitzt	Besonderheit (magisch, verflucht, sonstiges, ...)					x%[4]
Waffe[1]	ist	deutlich länger oder kürzer als die des Verteidigers, und Angreifer ist innerhalb von dessen ID					−25%
Verteidiger[1]	wehrt sich mit	einer Waffe					±0%
		kleinem Schild oder zwei Waffen (im Nahkampf)					−25%
		mittlerem Schild					−50%
		großem Schild					−75%
Verteidiger[1]	trägt	keine Rüstung					±0%
		leichte/mittlere/schwere Rüstung (bei Wurf/Hebel)					±0%
		leichte Rüstung (bei Wuchtwaffe)					±0%
		leichte Rüstung (bei anderer Waffe)					−25%
		mittlere Rüstung (bei Wuchtwaffe)					−25%
		mittlere Rüstung (bei anderer Waffe)					−50%
		schwere Rüstung (bei Wuchtwaffe)					−50%
		schwere Rüstung (bei anderer Waffe)					−75%
Verteidiger[1]	ist	in anderer Größenklasse als Angreifer					x%[5]

[1)] aus jedem dieser Abschnitte jeweils höchstens einen MF
[2)] in verschiedenen Längen erhältlich; einhändig geführt
[3)] in verschiedenen Längen erhältlich; zweihändig geführt
[4)] verschiedene Modifikatoren und Wirkungen je nach Spielleiterentscheidung
[5] MF und anschließender Faktor, wie in Abschnitt *Groß und klein* auf Seite 81

Tabelle 1: *Modifikatoren in Kämpfen*

Klassifizierung: Tiere

Früher oder später werden auch in deinen Abenteuern irgendwelche Tiere oder gar Monstren eine Rolle spielen. In den Abschnitten *...und ihre Rolle* auf Seite 23, *Mehr Details...* auf Seite 57 und *Noch mehr Details...* auf Seite 91 ist erklärt, wie in *Gaudium Ludendi* die Rollen, Wissensgebiete und Erfahrungsstufen für Tiere festgelegt werden.

Trotzdem ist es oftmals nicht ganz einfach, auf die Schnelle die passenden Beschreibungen aus dem Ärmel zu schütteln. Deshalb gibt es in vielen Regelwerken, die sich auf ein bestimmtes Genre oder eine bestimmte Welt konzentrieren, ausführliche, dazu passende Listen mit Tieren und Monstren.

In einem generisch gehaltenen Regelwerk, wie *Gaudium Ludendi,* ist so etwas natürlich schwer zu bewerkstelligen. Deshalb begnügt es sich damit, verschiedene allgemeine Klassen von Tieren zu beschreiben.

Wenn du bei diesen den Namen der Spezies und des Lebensraums einsetzt und eine konkrete Beschreibung seiner Erscheinung hinzufügst, sollten sich damit die Grundfähigkeiten jeder beliebigen Bestie erstellen lassen. Besondere Fähigkeiten, wie z. B. den Feueratem eines Drachen, außergewöhnliche Schnelligkeit oder gefährliche Krallen und Reißzähne, kannst du als zusätzliche Besonderheiten hinzufügen, die dann dem Tier bei

Erfolgswürfen möglicherweise auch entsprechende Modifikatoren gewähren.

Die generelle Gefährlichkeit des Wesens kannst du anpassen, indem du unterschiedliche Alterskategorien und damit unterschiedlich hohe Erfahrungsstufen für die Wissensgebiete innerhalb der Rolle verwendest.

Außerdem spielt auch die körperliche Größe des Tiers eine Rolle. Wie in Abschnitt *Groß und klein* auf Seite 81 beschrieben, ergeben sich auch dadurch noch eventuelle Faktoren und Modifikatoren für die Erfolgswürfe.

Im Alter können Tiere eine Nebenbeschäftigung als weiteres Wissensgebiet zu ihrer Rolle hinzufügen, soweit dies sinnvoll möglich ist.

Bei wilden Tieren kann dies eine andere der in den nachfolgenden Tabellen beschriebenen Klassen sein, z. B. ein alter Löwe, der bei der Jagd mit den jungen Artgenossen nicht mehr so gut mithalten kann, und sich deshalb auch dazu herablässt, Aas zu suchen und zu fressen. Bei domestizierten Tieren kann diese Nebenbeschäftigung auch Tätigkeiten umfassen, die seinem Einsatzzweck im Leben seiner Besitzer entsprechen.

Wird das Tier schon in jüngeren Jahren gezähmt und abgerichtet, so offenbart sich dies dadurch, dass seine natürliche Hauptbeschäftigung gar nicht erst so stark ausgeprägt wird, wie bei wilden Artgenossen, sondern die Erfahrungspunkte in ein neues Wissensgebiet wandern, das seinen Einsatzzweck repräsentiert.

Evtl. wird das ursprüngliche Wissensgebiet sogar vollständig durch das neue ersetzt, z. B. ein Schlittenhund, der zwar seine natürlichen Instinkte als Jäger noch besitzt, dessen zugehörige Fähigkeiten und Erfahrung aber durch jene verdrängt wurden, die für das Ziehen des Schlittens im Team bzw. das Reagieren auf die Befehle des Lenkers nötig sind.

Bei manchen Tieren können auch Mischformen der nachfolgend aufgeführten Klassen vorkommen, z. B. beim Braunbären, der sowohl Sammler als auch Lauerjäger ist.

»<Spezies>, ein ***Aasfresser*** *(HB) aus <Lebensraum> (K/S)«*	
Ziele:	Aas aufspüren (eventuell im Rudel), fressen, fortpflanzen, eventuell Nachwuchs beschützen
Erscheinung:	Ausgeprägte Sinne um Aas aufzuspüren, normale Fortbewegung, natürliche Werkzeuge zum Zerlegen und Fressen des Kadavers, eventuell natürliche Waffen wie Krallen, Schnäbel oder Reißzähne zur Verteidigung, oftmals kleiner als das Aas
Persönlichkeit:	Aggressiv, wenn hungrig, desinteressiert, wenn satt, verteidigt Beute gegen kleinere oder gleich große Gegner, greift an, wenn es in die Enge getrieben wird, verteidigt Nachwuchs, flieht, wenn unterlegen
Beispiele:	Streifenhyäne, Geier, Fliegenmade, ...
»<Spezies>, ein ***Fallensteller*** *(HB) aus <Lebensraum> (K/S)«*	
Ziele:	Falle bauen, fressen, fortpflanzen
Erscheinung:	Normale Fortbewegung, natürliche Werkzeuge wie klebrige Fäden, Schleim oder Schaufelwerkzeuge zum Fallenbau, natürliche Waffen wie Kieferzangen und Stacheln zum Töten der Beute, in der Regel größer als oder gleich groß wie die Beute
Persönlichkeit:	Erneuert beharrlich die Falle, bleibt geduldig in Deckung, bis Beute gefangen, greift an, wenn es von kleinerem oder gleich großem Gegner bedroht bzw. in die Enge getrieben wird, flieht, wenn unterlegen
Beispiele:	Webspinne, Ameisenbär, Wurmschnecke (verschießt Schleimnetze), ...
»<Spezies>, ein ***Filtrierer*** *(HB) aus <Lebensraum> (K/S)«*	
Ziele:	Fressen, fortpflanzen
Erscheinung:	In der Regel unauffälliges Äußeres, in der Regel minimale Fortbewegung, gegebenenfalls natürlicher Panzer oder Gifte zur Verteidigung
Persönlichkeit:	Emotionslos, passiv, immer am selben Ort, lässt sich durch ein Medium (meist Wasser) Nahrung durch Fressorgane spülen
Beispiele:	Muschel, Röhrenwurm, Koralle, ... (freilebende Filtrierer, wie Bartenwale, werden als Weidegänger betrachtet)

Tabelle 1: *Tierrollen*

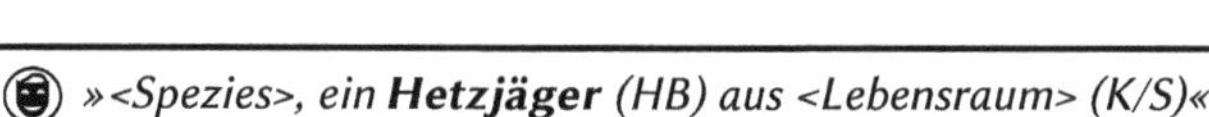

»<Spezies>, ein ***Hetzjäger*** *(HB) aus <Lebensraum> (K/S)«*

Ziele:	Jagen (meist im Rudel), fressen, fortpflanzen, eventuell Nachwuchs beschützen
Erscheinung:	Ausgeprägte Sinne um Beute aufzuspüren, schnelle, teilweise ausdauernde Fortbewegung, natürliche Waffen wie Krallen, Schnäbel oder Reißzähne zum Überwältigen und Töten der Beute, wenn Einzelgänger, dann in der Regel größer als die Beute
Persönlichkeit:	Aggressiv, wenn hungrig, desinteressiert, wenn satt, sucht aktiv nach Beute und hetzt sie bis zur Erschöpfung, greift an, wenn es von kleinerem oder gleich großem Gegner bedroht bzw. in die Enge getrieben wird, verteidigt Nachwuchs, flieht, wenn unterlegen
Beispiele:	Wolf, Gepard, Barracuda, ...

»<Spezies>, ein ***Köderer*** *(HB) aus <Lebensraum> (K/S)«*

Ziele:	Fressen, fortpflanzen
Erscheinung:	Oftmals getarnt, minimale Fortbewegung, natürliche Werkzeuge wie auffällige Winker oder Lockstoffe zum Ködern der Beute, Schnappmaul oder Schnappblätter zum Einfangen und Töten, in der Regel größer als die Beute
Persönlichkeit:	Passiv, wartet in Deckung bis Beute angelockt, schlägt blitzschnell zu, flieht bei Bedrohung, falls beweglich
Beispiele:	Anglerfisch, Venusfliegenfalle, Arachnocampa luminosa (leuchtende Klebefäden zum Anlocken von Insekten), ...

»<Spezies>, ein ***Lauerjäger*** *(HB) aus <Lebensraum> (K/S)«*

Ziele:	Jagen (meist Einzelgänger), fressen, fortpflanzen, eventuell Nachwuchs beschützen
Erscheinung:	Ausgeprägte Sinne um Beute aufzuspüren, schnelle, reflexartige Fortbewegung, natürliche Waffen wie Krallen, Schnäbel oder Reißzähne zum Überwältigen und Töten der Beute, in der Regel größer als Beute
Persönlichkeit:	Aggressiv, wenn hungrig, desinteressiert, wenn satt, sucht aktiv nach Beute, bleibt aber geduldig in Deckung, bis zum Überraschungsangriff, greift an, wenn es von kleinerem oder gleich großem Gegner bedroht bzw. in die Enge getrieben wird, verteidigt Nachwuchs, flieht, wenn unterlegen
Beispiele:	Katze, Bussard, Hecht, ...

Tabelle 2: *Tierrollen (Fortsetzung)*

*»<Spezies>, ein **Parasit** (HB) aus <Lebensraum> (K/S)«*

Ziele:	Wirt finden, fressen, fortpflanzen
Erscheinung:	In der Regel unauffälliges Äußeres, häufig minimale Fortbewegung, natürliche, nicht tödliche Werkzeuge zum Eindringen in den Wirt, in der Regel kleiner als Wirt, oftmals körperlich sehr widerstandsfähig
Persönlichkeit:	Emotionslos, passiv, wartet auf oder sucht Gelegenheit, Wirt zu befallen, ernährt sich von Wirt, ohne ihn zu töten (höchstens ganz langsam)
Beispiele:	Bandwurm, Zecke, Kopflaus, ...

*»<Spezies>, ein **Sammler** (HB) aus <Lebensraum> (K/S)«*

Ziele:	Sich nicht widersetzende Nahrung finden (eventuell in Gruppe), fressen, fortpflanzen, eventuell Nachwuchs beschützen
Erscheinung:	Ausgeprägte Sinne um Nahrung zu finden, normale Fortbewegung, natürliche Werkzeuge wie Rüssel, Grabwerkzeuge oder Nagezähne um an Nahrung heran zu kommen, selten natürliche Waffen wie Krallen oder Stacheln zur Verteidigung
Persönlichkeit:	Durchsucht alles neugierig, evtl. Vorratshaltung, verteidigt Futter gegen kleinere oder gleich große Gegner, flieht bei Bedrohung, aber greift an, wenn es in die Enge getrieben oder der Nachwuchs bedroht wird, verteidigt Nachwuchs, flieht, wenn unterlegen
Beispiele:	Eichhörnchen, Igel, Biene, ...

*»<Spezies>, ein **Weidegänger** (HB) aus <Lebensraum> (K/S)«*

Ziele:	Weidegründe finden (als Herde oder Gruppe), fressen, fortpflanzen, Nachwuchs beschützen
Erscheinung:	Schnelle Fortbewegung zur Flucht oder bulliger Körper zum Schutz, natürliche Waffen wie Hörner oder Geweihe zur Verteidigung
Persönlichkeit:	Desinteressiert, solange Gegner nicht zu nahe kommt, flieht bei Angriff (panisch fliehende Herde kann Gegner überrennen), wehrt sich nur, wenn es in die Enge getrieben oder der Nachwuchs bedroht wird, gibt auch Nachwuchs auf, wenn unterlegen
Beispiele:	Bison, Reh, Bartenwal (weidet Krill im Meerwasser ab), ...

Tabelle 3: *Tierrollen (Fortsetzung)*

Beispiele: Merkmale

Das Konzept der Wissensgebiete und Besonderheiten von *Gaudium Ludendi* unterscheidet sich doch ein wenig von den Fertigkeiten, Skills, Attributen und Eigenschaften, wie du sie vielleicht aus anderen Rollenspielregeln kennst.

Um dir ein besseres Verständnis zu vermitteln und deine Fantasie anzuregen, enthält dieses Kapitel deshalb viele Beispiele für die unterschiedlichsten Merkmale, egal ob Kultur/Spezies, Hauptbeschäftigung, Nebenbeschäftigung oder Besonderheit.

Besonderheiten

Für Besonderheiten ist hinter der Abkürzung »BS«, getrennt durch einen Schrägstrich, angegeben, ob sie eine *Fähigkeit* bezeichnen, die deinem Charakter ermöglicht, zusätzliche Tätigkeiten auszuführen, die ihm andernfalls versagt blieben, oder aber eine *Einschränkung*, die deinen Charakter daran hindert, bestimmte Tätigkeiten auszuführen, obwohl er normalerweise dazu in der Lage wäre.

Beim dritten Typ von Besonderheiten handelt es sich um einen *Bonus* (+x%) oder einen *Malus* (–x%), mit einem festzulegenden Zahlenwert, der existierende Fähigkeiten lediglich modifiziert.

Wenn es darum geht, die vorteilhaften und nachteiligen Besonderheiten während der Charaktererschaffung gegen einander aufzurechnen (siehe Abschnitt *...mehr Einflüsse* auf Seite 61), so zählen zusätzliche Fähigkeiten genauso viel wie ein Bonus von +100% und Einschränkungen wie ein Malus von –100%.

☯ ***»360° Sichtfeld** (BS/Fähigkeit)«*

Einfluss auf: Ereignisse wahrnehmen, die sich außerhalb des normalen Gesichtsfeldes ereignen

☯ ***»abergläubisch** (BS/−x%)«*

Einfluss auf: Vom Aberglauben vorgeschriebene Handlungen unterdrücken (über die Schulter spucken, auf Holz klopfen), (Un-)Glücksboten ignorieren (schwarze Katzen, Kaminkehrer), ...

☯ ***»abstoßendes Verhalten** (rülpsen/spucken/nasebohren/kratzen) (BS/−x%)«*

Einfluss auf: Bei erstem Kennenlernen punkten, andere beeindrucken, sonstiges Zwischenmenschliches, ...

☯ ***»aggressiv** (BS/−x%)«*

Einfluss auf: Bei verbalen und körperlichen Attacken nicht die Beherrschung verlieren, Stress bewältigen, ...

☯ ***»Albino** (BS/−75%)«*

Einfluss auf: Sonnenbrand widerstehen (EW mit K/S), ohne Sonnenbrille in hellem Licht sehen (EW mit K/S), ...

☯ ***»allergisch** (BS/−x%)«*

Einfluss auf: Negativen Auswirkungen widerstehen (Unwohlsein, Erbrechen, Jucken, Hautrötung, Niesen, Atemnot, ...

☯ ***»amphibische Atmung** (BS/Fähigkeit)«*

Einfluss auf: Den jeweils anderen Stoff atmen (Wasser für alle Landlebewesen, Luft für alle Wasserlebewesen, außer Meeressäuger)

☯ ***»angenehme Stimme** (klar, beruhigend, attraktiv) (BS/+x%)«*

Einfluss auf: Bei erstem Kennenlernen punkten, andere beruhigen, unterhalten, verführen, ...

☯ ***»beidhändig** (BS/Fähigkeit)«*

Einfluss auf: Mit der »falschen« Hand arbeiten (normalerweise −25%)

☯ ***»beweglich** (BS/+x%)«*

Einfluss auf: Den Körper dehnen und verbiegen, sich irgendwo herauswinden (z. B. Fesseln), ...

Tabelle 1: *Besonderheiten*

»**blind** *(BS/Einschränkung)*«

Einfluss auf: Tätigkeiten, bei denen man sehen können muss

»**Bluter** *(nicht vorhandene Blutgerinnung) (BS/Einschränkung)*«

Einfluss auf: Blutungen am eigenen Körper ohne Blutgerinnungsmedikamente stillen

---

»**blutgierig** *(BS/−75%)*«

Einfluss auf: Das Verlangen unterdrücken (EW mit K/S), den Feind tot zu sehen, Wachen anzugreifen, die umgangen werden könnten, keine Gefangen zu machen, ...

»**charmant** *(BS/+x%)*«

Einfluss auf: Bei erstem Kennenlernen punkten, andere für sich einnehmen, unterhalten, verführen, ...

»**drogensüchtig** *(eine bestimmte Droge) (BS/−75%)*«

Einfluss auf: Das Verlangen unterdrücken (EW mit K/S), die Droge einzunehmen (z. B. Zigaretten, Alkohol, Heroin), Entzugserscheinungen überwinden, wenn nicht regelmäßig eingenommen, ...

»**dumm** *(BS/−x%)*«

Einfluss auf: Logische Schlussfolgerungen ziehen, abstrahieren, Zusammenhänge begreifen, ...

»**Dyslexie** *(erworbene Lese- und Textverständnisschwäche) (BS/−50)*«

Einfluss auf: Alles was mit Lesen und Verstehen von Texten zu tun hat, ...

»**einäugig** *(BS/−50%)*«

Einfluss auf: Alle Tätigkeiten, für welche normalerweise zwei Augen nötig sind (räumliches Sehen, peripheres Sehen), ...

»**einarmig** *(BS/−50%)*«

Einfluss auf: Alle Tätigkeiten, für welche normalerweise zwei Arme/Hände nötig sind, ...

»**einbeinig** *(BS/−50%)*«

Einfluss auf: Alle Tätigkeiten, für welche normalerweise zwei Beine/Füße nötig sind, ...

Tabelle 2: *Besonderheiten (Fortsetzung)*

»Epileptiker *(BS/–75%)«*

Einfluss auf: Auftreten epileptischer Anfälle (unkontrollierte Zuckungen, kein klares Sprechen und Denken möglich) in extremen Stresssituationen oder bei stark flackerndem Licht unterdrücken (EW mit K/S), ...

»fanatisch *(BS/–75%)«*

Einfluss auf: Blindes, unüberlegtes Befolgen und Nachahmen von Vorgaben, Verhaltensweisen oder Gesetzen unterdrücken (EW mit K/S), die durch eine Gruppe, Ideologie, Religion oder Idee auferlegt sind, ...

»Farbanpassung *(BS/Fähigkeit)«*

Einfluss auf: Bewusstes verändern der Hautfarbe und Musterung, z. B. zur Tarnung

»farbenblind *(BS/Einschränkung)«*

Einfluss auf: Farben erkennen, Farben gleicher Helligkeit unterscheiden

»fehlende Lungenatmung *(BS/Einschränkung)«*

Einfluss auf: Atmen wie Landlebewesen in gasförmiger Umgebung, statt wie Wasserlebewesen in flüssiger Umgebung (geht oft einher mit »Kiemenatmung«)

»feige *(BS/-x%)«*

Einfluss auf: Sich Situationen stellen, die der eigenen Gesundheit, dem eigenen Leben und dem eigenen Ruf schaden können, ...

»feines Gehör *(BS/+x%)«*

Einfluss auf: Die leisesten Geräusche wahrnehmen, entfernte Gespräche belauschen, ...

»fesselnder Blick *(BS/+x%)«*

Einfluss auf: Andere in den Bann ziehen und dazu bringen, freiwillig etwas zu tun, ...

»Fluchbrecher *(BS/Fähigkeit)«*

Einfluss auf: Flüche auf Personen oder Gegenständen durch bloße Berührung und Konzentration brechen

Tabelle 3: *Besonderheiten (Fortsetzung)*

☯ ***»Flugangst** (BS/–75%)«*	
Einfluss auf:	Die Panik überwinden (EW mit K/S), vom Boden abzuheben, ...
☯ ***»flugfähig** (BS/Fähigkeit)«*	
Einfluss auf:	Aus eigener Kraft heraus fliegen
☯ ***»geborener Soldat** (BS/+x%)«*	
Einfluss auf:	Instinktives Verhalten in Kampfsituationen, reflexartige Kampfmaneuver, genetisch bedingtes, aufopferungsvolles Verhalten für den Schwarm, ...
☯ ***»Gespür für Verborgenes** (BS/+x%)«*	
Einfluss auf:	Geheimtüren, Fallen, Geheimfächer, Verstecktes finden, ...
☯ ***»gute Nase** (BS/+x%)«*	
Einfluss auf:	Die schwächsten Gerüche wahrnehmen, Düfte und deren Komponenten identifizieren, Geruchsfährten verfolgen, ...
☯ ***»hohe Ausdauer** (BS/+x%)«*	
Einfluss auf:	Körperlicher Erschöpfung widerstehen, ...
☯ ***»immun** (bestimmte Substanz/Krankheit) (BS/+100%)«*	
Einfluss auf:	Den positiven und negativen Auswirkungen der Substanz/Krankheit widerstehen, ...
☯ ***»impulsiv** (BS/–x%)«*	
Einfluss auf:	Das Verlangen unterdrücken, möglichst schnell zu handeln, ohne vorher länger darüber nachzudenken und Pläne zu schmieden, ...

Tabelle 4: *Besonderheiten (Fortsetzung)*

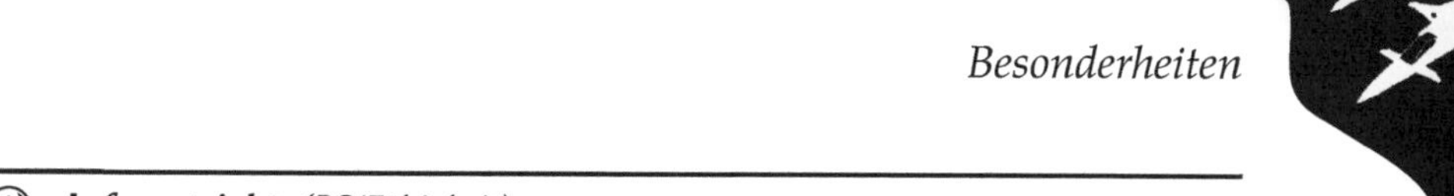

***»Infrarotsicht** (BS/Fähigkeit)«*

Einfluss auf: In völliger Dunkelheit durch Wahrnehmung von Wärmestrahlung sehen (aber keine Unterscheidung von Farben möglich)

***»innere Uhr** (BS/Fähigkeit)«*

Einfluss auf: Aus dem Gefühl heraus genau die Uhrzeit bestimmen (Bewusstlosigkeit hält das Zeitgefühl an. Beim Erwachen wir bei dieser Zeit weiter gerechnet. Beim wechseln der Zeitzone kann die Zeitverschiebung nicht automatisch erkannt werden.)

***»Kindchenschema** (BS/Fähigkeit)«*

Einfluss auf: Möglichst unschuldig und hilflos wirken (aufgrund des Aussehens: große, runde Augen, großer Kopf, zierlicher Körper), den Beschützerinstinkt wecken

***»kleptomanisch** (BS/–75%)«*

Einfluss auf: Das Verlangen unterdrücken (EW mit K/S), alle möglichen Gegenstände zu stehlen, sobald sich eine Gelegenheit ergibt, ...

***»Kiemenatmung** (BS/Fähigkeit)«*

Einfluss auf: Atmen wie Wasserlebewesen in flüssiger Umgebung, anstatt wie Landlebewesen in gasförmiger (geht oft einher mit »fehlender Lungenatmung«)

***»körperlich robust** (BS/+x%)«*

Einfluss auf: Körperlichem Schaden widerstehen, ...

***»kreativ** (BS/+x%)«*

Einfluss auf: Lösungen finden, Neues schaffen, künstlerisch tätig sein, ...

***»kurzatmig** (BS/–x%)«*

Einfluss auf: Körperliche Anstrengungen längere Zeit durchhalten, ...

***»kurzsichtig** (BS/–x%)«*

Einfluss auf: Auf große Entfernungen scharf sehen, ...

***»kybernetisch verstärkte Arme** (BS/+x%)«*

Einfluss auf: Etwas oder jemanden festhalten, Dinge hochheben, vakuumverschlossene Gläser öffnen, Kraftakte vollführen, ...

Tabelle 5: *Besonderheiten (Fortsetzung)*

☯ ***»langsam** (BS/–x%)«*	
Einfluss auf:	Sich möglichst schnell bewegen, ...
☯ ***»langsame Heilung** (BS/–x%)«*	
Einfluss auf:	Blutungen am eigenen Körper stoppen, Verletzungen regenerieren, Krankheiten überwinden, ...
☯ ***»leichter Schlaf** (BS/+x%)«*	
Einfluss auf:	Schnell aufwachen, wenn sich in der Nähe etwas Besonderes ereignet, ...
☯ ***»leidenschaftlicher ...** (eine bestimmte Tätigkeit) (BS/–50%)«*	
Einfluss auf:	Das Verlangen unterdrücken (EW mit K/S), einer Leidenschaft zu frönen, sobald sich eine Gelegenheit dazu ergibt (z. B. gutes und ausgiebiges Essen, Glücksspiel, teuer Einkaufen, das andere Geschlecht, Andere quälen), ...
☯ ***»Magiebrecher** (BS/Fähigkeit)«*	
Einfluss auf:	Zaubersprüche auf Personen oder Gegenständen durch bloße Berührung und Konzentration brechen
☯ ***»Magiegespür** (BS/+x%)«*	
Einfluss auf:	Die Ströme der Magie spüren und nutzen, magische Artefakte erkennen, Zaubersprüche sprechen, magische Rituale ausführen, ...
☯ ***»magie-resistent** (BS/+x%)«*	
Einfluss auf:	Der Wirkung von Zaubersprüchen, Zaubertränken und sonstigen magischen Beeinflussungen widerstehen (gilt auch für »freundliche« Magie, die dem Charakter eigentlich helfen soll), ...
☯ ***»musisch begabt** (BS/+x%)«*	
Einfluss auf:	Instrument spielen, singen, Musikstücke erkennen, tanzen, Töne unterscheiden, ...
☯ ***»Nachtsicht** (BS/Fähigkeit)«*	
Einfluss auf:	Bei schwachen Lichtverhältnissen und in der Nacht gut sehen, nicht jedoch in völliger Dunkelheit

Tabelle 6: *Besonderheiten (Fortsetzung)*

☯ ***»notorischer Lügner*** *(BS/–75%)«*	
Einfluss auf:	Das Verlangen unterdrücken (EW mit K/S), zu lügen, vor allem wenn es lediglich darum geht, andere zu beeindrucken, Freunden die vollständige Wahrheit sagen, ohne diese mit erfundenen Fakten und heldenhaften Übertreibungen auszuschmücken, …
☯ ***»pazifistisch*** *(BS/–75%)«*	
Einfluss auf:	Sich dazu überwinden (EW mit K/S), bei Bedarf Gewalt anzuwenden und andere nicht missionarisch von Gewalthandlungen abzuhalten, die Schockphase überwinden, wenn man doch einmal ein anderes Wesen verletzt oder gar getötet hat, …
☯ ***»Phobie*** *(eine bestimmte) (BS/–75%)«*	
Einfluss auf:	Die Panik überwinden (EW mit K/S), in eine der eigenen Phobie entsprechende Situation geraten zu sein, z. B. enge, geschlossenen Räume (Klaustrophobie), größere Menschenansammlungen (Demophobie), Dunkelheit (Skotophobie), alles Tote (Nekrophobie), Schmutz (Rupophobie), große Höhen (Akrophobie), Spinnen (Arachnophobie), Insekten im Allgemeinen (Entomophobie), Lärm (Brontophobie), technische Gerätschaften (Technophobie), Magie (Manaphobie), unnatürliche Kreaturen (Teratophobie), Ozeane (Thalassophobie), weiträumige Plätze (Agoraphobie), Reptilien (Ophiophobie), scharfe Gegenstände (Aichmophobie), alles Fremde (Xenophobie), Waffen (Hoplophobie), …
☯ ***»pyromanisch*** *(BS/–75%)«*	
Einfluss auf:	Das Verlangen unterdrücken (EW mit K/S), Feuer zu legen, wenn sich eine Gelegenheit ergibt, …
☯ ***»querschnittgelähmt*** *(BS/Einschränkung)«*	
Einfluss auf:	Alle Tätigkeiten ohne künstliches Fortbewegungsmittel, für welche normalerweise zwei Beine/Füße nötig sind, da von der Hüfte ab gelähmt
☯ ***»reaktionsschnell*** *(BS/+x%)«*	
Einfluss auf:	Möglichst schnell auf unvorhergesehene Veränderungen reagieren, …

Tabelle 7: *Besonderheiten (Fortsetzung)*

☯ ***»Richtungssinn** (BS/Fähigkeit)«*	
Einfluss auf:	Aus dem Gefühl heraus genau die einzelnen Himmelsrichtungen bestimmen
☯ ***»riesig** (Blauwal, Brachiosaurus, ...) (BS/–x%)«*	
Einfluss auf:	Sich verstecken, nicht getroffen werden, nicht auffallen (Vorteile aufgrund des großen Körpers, z. B. große Kraft und Robustheit, werden als separate Besonderheiten eingetragen), ...
☯ ***»scharfsichtig** (BS/+x%)«*	
Einfluss auf:	Kleine optische Details auf größere Entfernung erkennen, ...
☯ ***»schlechter Geschmackssinn** (BS/–x%)«*	
Einfluss auf:	Zarte Geschmacksnuancen unterscheiden, Zutaten und Beigaben aus dem Essen herausschmecken (kann auch ein Vorteil sein, um schlechtes Essen hinunterzuwürgen), ...
☯ ***»schnell ausgeschlafen** (BS/+x%)«*	
Einfluss auf:	Möglichst schnell wieder ausgeschlafen sein (z. B. nach 3 Stunden statt durchschnittlich 8 Stunden), ...
☯ ***»schüchtern** (BS/–x%)«*	
Einfluss auf:	Mit Fremden interagieren (wegen Unsicherheit und Angst, sich zu blamieren), ...
☯ ***»schwerhörig** (BS/–x%)«*	
Einfluss auf:	Leise Töne hören und identifizieren, durch Geräusche auf etwas aufmerksam werden, ...
☯ ***»sechster Sinn für Gefahren** (BS/Fähigkeit)«*	
Einfluss auf:	Drohende Gefahren für sich selbst und in der Nähe befindliche Personen vorausahnen, bevor sie erkennbar werden
☯ ***»Sprachfehler** (Lispeln, Stottern, ...) (BS/–x%)«*	
Einfluss auf:	Andere auf kommunikativem Weg beeindrucken oder manipulieren, ...
☯ ***»stark** (BS/+x%)«*	
Einfluss auf:	Alle Tätigkeiten, bei welchen es auf Muskelkraft ankommt, ...

Tabelle 8: *Besonderheiten (Fortsetzung)*

☯ ***»stoische Ruhe** (BS/+x%)«*	
Einfluss auf:	Unkontrollierte Panikanfälle in schrecklichen Situationen unterdrücken, nicht vor Angst wie gelähmt sein, in Stresssituationen nicht die Nerven verlieren, ...
☯ ***»stumm** (BS/Einschränkung)«*	
Einfluss auf:	Tätigkeiten, bei denen Sprache erforderlich ist
☯ ***»stur** (BS/–x%)«*	
Einfluss auf:	Sich dazu überwinden (EW mit K/S), vom eigenen Plan abzuweichen und einem anderen Plan zuzustimmen, ohne den eigenen Willen durchsetzen zu können, ...
☯ ***»taub** (BS/Einschränkung)«*	
Einfluss auf:	Tätigkeiten, bei denen das Gehör erforderlich ist
☯ ***»traumatisiert** (ein bestimmtes Trauma) (BS/–75%)«*	
Einfluss auf:	Die durch den Flashback erzeugte Schockstarre überwinden (EW mit K/S), nachdem man in eine, dem Trauma entsprechende Situation geraten ist, ...
☯ ***»übergewichtig** (BS/–x%)«*	
Einfluss auf:	Alle Tätigkeiten, bei welchen es auf Körperbeherrschung oder Ausdauer ankommt, ...
☯ ***»übermütig** (BS/–x%)«*	
Einfluss auf:	Sich dazu überwinden (EW mit K/S), mit Bedacht vorzugehen, und unnötige Risiken zu vermeiden, obwohl man sich für ausreichend kompetent hält und sich beweisen will, ...
☯ ***»unattraktiv** (BS/–x%)«*	
Einfluss auf:	Bei erstem Kennenlernen punkten, andere für sich gewinnen, andere verführen, ...
☯ ***»unaufmerksam** (BS/–x%)«*	
Einfluss auf:	Nicht ganz offensichtliche Details wahrnehmen, mitbekommen, wenn um einen herum Ereignisse stattfinden, die nicht direkt die eigene, gerade ausgeführte Tätigkeit oder die eigene Person betreffen, ...

Tabelle 9: *Besonderheiten (Fortsetzung)*

☯ ***»unerotisch** (BS/–x%)«*	
Einfluss auf:	Andere beeindrucken und verführen, die am entsprechenden Geschlecht interessiert sind, ...
☯ ***»ungeschickt** (BS/–x%)«*	
Einfluss auf:	Alle Tätigkeiten, bei welchen es auf die Hand-Augen-Koordination ankommt, und darauf, genaue Bewegungen auszuführen, ...
☯ ***»unternehmungslustig** (BS/+x%)«*	
Einfluss auf:	Alle Tätigkeiten, welche sich um soziale Kontakte und Gemeinschaftssinn drehen, da der Charakter immer bereit ist, etwas zu unternehmen, Abenteuer zu erleben, neue Orte zu sehen, Feste zu feiern und Leute kennen zu lernen, ...
☯ ***»vergeistigter Blick** (BS/Fähigkeit)«*	
Einfluss auf:	Unsichtbares, Übersinnliches und Geisterhaftes durch bloße Konzentration sehen
☯ ***»vergesslich** (BS/–x%)«*	
Einfluss auf:	Sich an Details vergangener Ereignisse erinnern, keine zu erledigenden Aufgaben vergessen, keine Gegenstände liegen lassen, sich Namen, Geburtsdaten und Telefonnummern merken, ...
☯ ***»Visionen** (BS/Fähigkeit)«*	
Einfluss auf:	Durch erstmaliges Berührung eines Gegenstandes oder einer Person, vor dem inneren Auge ein entscheidendes Ereignis sehen, das mit der Existenz des Gegenstandes bzw. dem Leben der Person in Zusammenhang steht
☯ ***»Wahnvorstellung** (eine bestimmte) (BS/–75%)«*	
Einfluss auf:	Sich dazu überwinden (EW mit K/S), entgegen der Wahnvorstellung und damit der eigenen Überzeugung zu handeln, wenn es die Situation erfordert, ...
☯ ***»weitsichtig** (BS/–x%)«*	
Einfluss auf:	Auf sehr kurze Entfernung etwas erkennen (z.B. Lesen, Zeichnen, diffizile Reparaturen), ...

Tabelle 10: *Besonderheiten (Fortsetzung)*

☯ **»wenig charismatisch** *(BS/−x%)«*	
Einfluss auf:	Andere beeindrucken und führen, ...
☯ **»wenig einfühlsam** *(BS/−x%)«*	
Einfluss auf:	Sich in andere Wesen hinein versetzen, ihre Absichten, Wünsche und Ängste erahnen und sich auf sie einstellen oder sie beeinflussen, ...
☯ **»wiederkehrende, belastende Alpträume** *(BS/Einschränkung)«*	
Einfluss auf:	Erholung in Nächten mit Alptraum (bei 0 bis 49 auf W100 pro Nacht)
☯ **»willensstark** *(BS/+x%)«*	
Einfluss auf:	Alle Tätigkeiten, bei welchen es auf Durchsetzungsvermögen und Selbstbeherrschung ankommt, auf die Fähigkeit sich und sein Handeln zu kontrollieren und Versuchungen, Manipulationen und inneren Trieben zu widerstehen, ...
☯ **»winzig** *(Maus, Pixie, Blumenfee, ...) (BS/+x%)«*	
Einfluss auf:	Sich verstecken, nicht getroffen werden, nicht auffallen (Nachteile aufgrund des kleinen Körpers, z. B. geringe Kraft und Robustheit, werden als separate Besonderheiten eingetragen), ...

Tabelle 11: *Besonderheiten (Fortsetzung)*

Wissensgebiete

Hinter jeder Bezeichnung ist in Klammern angegeben, für welche Art von Wissensgebiet es verwendet werden kann: »K/S« für Kultur/Spezies, »HB« für Hauptbeschäftigung und »NB« für Nebenbeschäftigung. Dies können auch mehrere Arten sein.

Weiterhin werden Beispiele für typische Tätigkeiten aufgelistet, die in den Bereich des Merkmals fallen und für welche du bei einem Erfolgswurf die volle Erfahrungsstufe deines Charakters verwenden darfst, sowie ähnliche bzw. nebensächliche Tätigkeiten, bei welchen es zumindest die Hälfte ist.

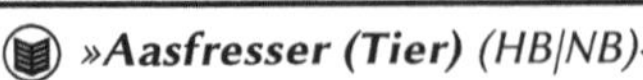

***»Aasfresser (Tier)** (HB|NB)«*

Typische Tätigkeiten: Aas aufspüren, Witterung aufnehmen, schleichen, sich verbergen, ...
Ähnliche Tätigkeiten: Gefahreninstinkt, Langstreckenlauf, mit natürlichen Waffen töten, ...

***»Abenteurer** (HB|NB)«*

Typische Tätigkeiten: Aufmerksamkeit, überleben in der Wildnis, Fallen entdecken, Verborgenes entdecken, Spurenlesen, Umgang mit einer Waffe, ...
Ähnliche Tätigkeiten: Langstreckenlauf, erste Hilfe, klettern, schwimmen, raufen, ...

***»Amateurraumpilot** (HB|NB)«*

Typische Tätigkeiten: Raumschiff steuern, Wissen über Raumschiffe, Regeln und Gesetze der Raumfahrt, günstige Tankmöglichkeiten und Reiserouten, ...
Ähnliche Tätigkeiten: Raumschifftechnik, Orientierung im All, Wissen über fremde Welten und Außerirdische, ...

***»Anti-Terra-Einheit** (HB|NB)«*

Typische Tätigkeiten: Wissen über Schwachstellen von Terranern und deren Technologie, Umgang mit Strahlenwaffen und Sprengstoffen, schleichen, ...
Ähnliche Tätigkeiten: Militärische Organisation und Taktik, waffenloser Kampf, klettern, Sprache der Terraner, ...

***»Archäologe** (HB|NB)«*

Typische Tätigkeiten: Organisation von Ausgrabungen, Wissen über alte Kultstätten, bekannte Ausgrabungsorte und alte Schätze, Karten lesen, ...
Ähnliche Tätigkeiten: Alte Sprachen, Kulturen und Architekturen, Karten zeichnen, recherchieren, Kontakte zu Kollegen, ...

***»Armdrücker** (HB/NB)«*

Typische Tätigkeiten: Armdrücken, Turniere, Trainingsmethoden, Wissen über den Sport, ...
Ähnliche Tätigkeiten: Wissen über Stars, fester Griff, etwas festhalten, Kraftakte, ...

Tabelle 12: *Wissensgebiete*

»Außerirdischer aus dem Amarius-System *(K/S)«*	
Typische Tätigkeiten:	Amarisch sprechen, lesen und schreiben, Wissen über den Planeten Amarius und dessen Bewohner, laufen, alles was im täglichen Leben wichtig ist, ...
Ähnliche Tätigkeiten:	Springen, klettern, mittlere Schulbildung, Gesetze, imperiale Politik, Roboter bedienen, ...
»Außerirdischer aus dem Zuklak-Schwarm auf Gliese 581g *(K/S)«*	
Typische Tätigkeiten:	Zuklak sprechen, lesen und schreiben, Organisation des Schwarms, spezielle Aufgabe im Schwarm, laufen, alles was im täglichen Leben wichtig ist, ...
Ähnliche Tätigkeiten:	Springen, klettern, Wissen über den Planeten Gliese und dessen Bewohner, ...
»Autofahrer *(HB/NB)«*	
Typische Tätigkeiten:	PKW steuern, Wissen über PKW, Straßenverkehrsordnung, günstige Tank- und Parkmöglichkeiten, ...
Ähnliche Tätigkeiten:	Erste Hilfe, LKW steuern, Verkehrsrecht, günstige Reiserouten, ...
»Bäcker *(HB/NB)«*	
Typische Tätigkeiten:	Backen in großen Mengen, Wissen über Zusatzstoffe, Zutaten einkaufen, Handwerksbetrieb führen, ...
Ähnliche Tätigkeiten:	Lebensmittelverordnung, kochen, handeln, werben, ...
»Bediensteter *(HB/NB)«*	
Typische Tätigkeiten:	Passende Kleidung bereit legen, bei Tisch bedienen, Organisation von Einkauf, Feierlichkeiten und Reisen der Herrschaften, führen des Personals, ...
Ähnliche Tätigkeiten:	Haushaltsführung, kochen, putzen, Wäsche waschen, rasieren, ...
»Bewahrer des Wissens *(HB/NB)«*	
Typische Tätigkeiten:	Geschichte, aufmerksames Beobachten, Wissensmagie, Sinnesmagie, Heraldik, alte Runen und Schriften lesen, ...
Ähnliche Tätigkeiten:	Kalligraphie, Wissen über Artefakte, Zeitgefühl, sich verbergen, ...

Tabelle 13: *Wissensgebiete (Fortsetzung)*

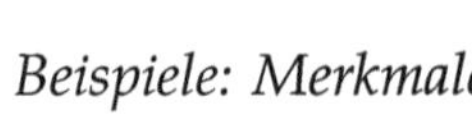

»*Biochemiker* *(HB/NB)*«

Typische Tätigkeiten: Organische Chemie, experimentieren und forschen, Wissen über laufende Forschungsprojekte und andere Forscher, ...
Ähnliche Tätigkeiten: Anorganische Chemie, Biologie, ...

»*Boxer* *(HB/NB)*«

Typische Tätigkeiten: Boxen, Wissen über den Sport, Turniere, Trainingsmethoden, ...
Ähnliche Tätigkeiten: Wissen über Stars, Schmerzen widerstehen, Bewusstsein wiedererlangen, schnell reagieren, ...

»*Brecheisenschwinger* *(HB/NB)*«

Typische Tätigkeiten: Türen und Fenster aufbrechen, Kraftakte, aufmerksames Beobachten, Wissen über die Unterweltszene, geeignete Einbruchsziele finden, ...
Ähnliche Tätigkeiten: Wert von Dingen schätzen, Kontakte zu Hehlern, raufen, schleichen, verbergen, ...

»*Briefmarkensammler* *(HB/NB)*«

Typische Tätigkeiten: Identifizieren aktueller und historischer Briefmarken, Wissen über die Szene, Termine und Veranstaltungsorte von Briefmarkenbörsen, ...
Ähnliche Tätigkeiten: Geschichte der Briefmarke, Wert von Marken schätzen, Kontakte zu anderen Sammlern, ...

»*Büchersammler* *(HB/NB)*«

Typische Tätigkeiten: Identifizieren aktueller und historischer Werke, Wissen über die Szene, Termine und Veranstaltungsorte von Sammlerbörsen, ...
Ähnliche Tätigkeiten: Wissen über Literatur und große Bibliotheken, Wert von Büchern schätzen, Kontakte zu anderen Sammlern, ...

»*Buddhistischer Mönch* *(HB/NB)*«

Typische Tätigkeiten: Wissen über die buddhistische Religion und das Klosterleben, Selbstbeherrschung, Kung Fu, ...
Ähnliche Tätigkeiten: Meditieren, schnell reagieren, körperliche Fitness, Philosophie, ...

Tabelle 14: *Wissensgebiete (Fortsetzung)*

»*Cartoon-Hase aus Toon-Nesien* (K/S)«	
Typische Tätigkeiten:	Bäng-Bum sprechen, lesen und schreiben, Wissen über Land und Leute, laufen, springen, alles was im täglichen Leben wichtig ist, ...
Ähnliche Tätigkeiten:	Klettern, schwimmen, physitoonische Naturgesetze, Dinge hinter dem Rücken hervor ziehen, in der Luft weiterlaufen, Körper regenerieren, ...
»*Chemiker* (HB/NB)«	
Typische Tätigkeiten:	Anorganische Chemie, experimentieren und forschen, Wissen über laufende Forschungsprojekte und andere Forscher, ...
Ähnliche Tätigkeiten:	Organische Chemie, Chemikalien besorgen, ...
»*Comic/Sci-Fi-Fan* (HB/NB)«	
Typische Tätigkeiten:	Wissen über aktuelle und historische Serien und Figuren, Wissen über die Szene, Termine und Veranstaltungsorte von Comic/Sci-Fi-Conventions, ...
Ähnliche Tätigkeiten:	Geschichte und Entwicklung des Genres, Wert von Heften schätzen, Kontakte zu anderen Sammlern, ...
»*Computer-Freak* (HB/NB)«	
Typische Tätigkeiten:	Heimcomputer bedienen, Wissen über die Szene, Spiele und Anwendungen, Wissen über Hardware, spielen, ...
Ähnliche Tätigkeiten:	Programmieren, Raubkopien beschaffen, ...
»*Computerspieler* (HB/NB)«	
Typische Tätigkeiten:	PC und Spielekonsolen bedienen, Wissen über die Szene und Spiele, spielen, ...
Ähnliche Tätigkeiten:	Wissen über Hardware und Betriebssysteme, Audio- und Video-Technologie, ...
»*Cyber-Hacker* (HB/NB)«	
Typische Tätigkeiten:	Computer bedienen, Wissen über die Szene und über Sicherheitssysteme, Orientierung im Cyber-Space, ...
Ähnliche Tätigkeiten:	Programmieren, Wissen über Cyber-Ware, analytisch denken, ...

Tabelle 15: *Wissensgebiete (Fortsetzung)*

»*Dämonologe* (*HB/NB*)«	
Typische Tätigkeiten:	Dämonen erkennen, dämonische Namen, Stärken und Schwächen von Dämonen, ...
Ähnliche Tätigkeiten:	Ängsten und dämonischen Kräften widerstehen, Abwehrrituale, ...
»*Detektiv-Bande ›Drei $$$‹* (*HB/NB*)«	
Typische Tätigkeiten:	Aufmerksamkeit, Wissen über berühmte Detektiv-Geschichten und die Zusammenhänge im heimischen Vorort, recherchieren, ...
Ähnliche Tätigkeiten:	Analytisch denken, auf rudimentäre Weise Spuren sichern, observieren, ...
»*Dieb* (*HB/NB*)«	
Typische Tätigkeiten:	Schleichen, Schlösser knacken, aufmerksames Beobachten, Wissen über die Unterweltszene, Gelegenheiten zum Diebstahl finden, ...
Ähnliche Tätigkeiten:	Wert von Dingen schätzen, Hehler finden, klettern, Fingerspitzengefühl, verbergen, ...

Tabelle 16: *Wissensgebiete (Fortsetzung)*

»Disco-Queen *(HB/NB)«*

Typische Tätigkeiten:	Musik, tanzen, Wissen über angesagte Clubs, trendige Outfits und Drinks, Smalltalk, ...
Ähnliche Tätigkeiten:	Trinkfestigkeit, Schlafmangel ausgleichen, Nachts aktiv sein, ...

»Einbrecher *(HB/NB)«*

Typische Tätigkeiten:	Schleichen, Türen und Fenster aufbrechen, aufmerksames Beobachten, Wissen über die Unterweltszene, Gelegenheiten zum Einbruch finden, ...
Ähnliche Tätigkeiten:	Wert von Dingen schätzen, Hehler finden, Schlösser knacken, verbergen, ...

»Elf aus den nördlichen Wäldern *(K/S)«*

Typische Tätigkeiten:	Elfisch sprechen, lesen und schreiben, Wissen über Land und Leute, laufen, musizieren, Feuer machen, alles was im täglichen Leben wichtig ist, ...
Ähnliche Tätigkeiten:	Gemeinsame Sprache sprechen, springen, klettern, schwimmen, Gesetze, im Wald überleben, ...

»Ersatzmutter *(HB/NB)«*

Typische Tätigkeiten:	Gemeinsam herum albern wie eine große Schwester, trösten wie eine Mutter, gemeinsam weglaufen und verstecken, ...
Ähnliche Tätigkeiten:	fürsorglich aufopfern, wenig gesundes Lieblingsessen kochen, unkonventionell und wenig kindertauglich erziehen, ...

»Fallensteller (Tier) *(HB/NB)«*

Typische Tätigkeiten:	Falle bauen, sich verbergen, genügsam ausharren, ...
Ähnliche Tätigkeiten:	Gefahreninstinkt, schnell zuschlagen, mit natürlichen Waffen töten, ...

»Fassadenkletterer *(HB/NB)«*

Typische Tätigkeiten:	Schleichen, klettern, aufmerksames Beobachten, Wissen über die Unterweltszene, Gelegenheiten zum Einbruch finden, ...
Ähnliche Tätigkeiten:	Wert von Dingen schätzen, Hehler finden, Schlösser knacken, Schwindelfreiheit, verbergen, ...

Tabelle 17: *Wissensgebiete (Fortsetzung)*

***»Fee aus dem Ostwald** (K/S)«*	
Typische Tätigkeiten:	Feeisch sprechen, Wissen über Land und Leute, laufen, fliegen, Feuer machen, alles was im täglichen Leben wichtig ist, ...
Ähnliche Tätigkeiten:	Springen, Gesetze, mit Tieren sprechen, Pflanzenkunde, Tierkunde, verstecken, ...
***»Feenzauberin** (HB/NB)«*	
Typische Tätigkeiten:	Pflanzen kontrollieren, Nahrung wachsen lassen, Tiere beruhigen, Tiere zur Hilfe rufen, Lichtkugel erschaffen, Lebewesen heilen, ...
Ähnliche Tätigkeiten:	Magischen Einflüssen widerstehen, aktive Magie erkennen, alte Runen und Schriften lesen, extremen Temperaturen widerstehen, ...
***»Filtrierer (Tier)** (HB/NB)«*	
Typische Tätigkeiten:	Nicht auffallen, genügsam ausharren, ...
Ähnliche Tätigkeiten:	Schaden widerstehen, ...
***»Flötenspieler** (HB/NB)«*	
Typische Tätigkeiten:	Flöte spielen, Noten lesen, Musikinstrument pflegen, ...
Ähnliche Tätigkeiten:	Kenntnisse über Volks- und Tanzlieder, komponieren, ...
***»Fluchtwagenfahrer** (HB/NB)«*	
Typische Tätigkeiten:	PKW steuern, Eigenschaften von Fahrzeugen abschätzen, Straßenverkehrsordnung, Verfolger abschütteln, Wissen über Polizeifunk und die Unterweltszene, ...
Ähnliche Tätigkeiten:	Erste Hilfe, LKW steuern, Verkehrsrecht, Wissen über günstige Strecken, schnell reagieren, ...
***»Folterknecht** (HB/NB)«*	
Typische Tätigkeiten:	Schmerzen zufügen, Wissen über Recht und Gesetz, Anatomiekenntnisse, einschüchtern, abgebrüht sein, ...
Ähnliche Tätigkeiten:	Erste Hilfe, Werkzeuge instand halten, Gefangene überwältigen, ...

Tabelle 18: *Wissensgebiete (Fortsetzung)*

»Fremdenlegionär *(HB/NB)«*

Typische Tätigkeiten:	Wissen über militärische Organisation, Umgang mit Pistole und Sturmgewehr, marschieren, schleichen und tarnen, ...
Ähnliche Tätigkeiten:	Nahkampf mit Messer, Umgang mit Granaten, Taktik, körperliche Fitness, ...

»Fußballspieler *(HB/NB)«*

Typische Tätigkeiten:	Fußball spielen, laufen, Wissen über den Sport, Turniere, Trainingsmethoden, ...
Ähnliche Tätigkeiten:	Wissen über Stars, Vereinswesen, ...

»Geheimagent *(HB/NB)«*

Typische Tätigkeiten:	Mit Handfeuerwaffen umgehen, aufmerksames Beobachten, Wissen über die Organisation, Schlösser knacken, Verborgenes entdecken, ...
Ähnliche Tätigkeiten:	Fremdsprache, schauspielern, lügen, Lügen erkennen, ermitteln, Wissen über Überwachungstechnologie, ...

»Geigenspieler *(HB/NB)«*

Typische Tätigkeiten:	Geige spielen, Noten lesen, Musikinstrument pflegen, ...
Ähnliche Tätigkeiten:	Bekannte klassische Stücke, Wissen über berühmte Geigenbauer, komponieren, ...

»Geschichtenerzähler *(HB/NB)«*

Typische Tätigkeiten:	Geschichten erzählen, Kenntnis über Sagen und Legenden, Wissen über Ungeheuer und Sagengestalten, ...
Ähnliche Tätigkeiten:	Geschichten erfinden, historischer Hintergrund der eigenen Kultur, ...

»Glücksspieler *(HB/NB)«*

Typische Tätigkeiten:	Regeln der bekannten Glücksspiele, Mitspieler einschätzen, Wissen über Gelegenheiten zum Glücksspiel, bluffen, ...
Ähnliche Tätigkeiten:	Falschspielen, Falschspiel erkennen, Wissen über die Szene, ...

Tabelle 19: *Wissensgebiete (Fortsetzung)*

»*Gnom aus dem Gnomen-Reich* *(K/S)«*

Typische Tätigkeiten:	Gnomisch sprechen, Wissen über Land und Leute, laufen, Feuer machen, alles was im täglichen Leben wichtig ist, ...
Ähnliche Tätigkeiten:	Springen, klettern, Recht des Stärkeren, Fallen bauen, stehlen, schleichen, Tierkunde, Ratten reiten, ...

»*Gymnasiast aus der reichen Hamburger Oberschicht* *(K/S)«*

Typische Tätigkeiten:	Deutsch sprechen, lesen und schreiben, Wissen über Land und Leute, laufen, essen mit Messer und Gabel, Wissen über Smartphones und Internet, alles was im Schüleralltag wichtig ist, ...
Ähnliche Tätigkeiten:	Springen, klettern, schwimmen, höhere Schulbildung, Englisch, Latein, Gesetze, Fahrrad fahren, Unterhaltungselektronik, ...

»*Handarbeiterin* *(HB|NB)«*

Typische Tätigkeiten:	Stricken, häkeln, sticken, Wissen über Werkzeuge und geeignete Händler, ...
Ähnliche Tätigkeiten:	Nähen, Wollpflege, Muster designen, ...

»*Heiler* *(HB|NB)«*

Typische Tätigkeiten:	Krankheiten und Verletzungen diagnostizieren, erste Hilfe, Wissen über Heilmethoden und Heilmittel, Wunden nähen, ...
Ähnliche Tätigkeiten:	Anatomiekenntnisse, Kräuterkunde, amputieren, Geburtshilfe, ...

»*Hetzjäger (Tier)* *(HB|NB)«*

Typische Tätigkeiten:	Beute aufspüren, Witterung aufnehmen, schleichen, Langstreckenlauf, ...
Ähnliche Tätigkeiten:	Gefahreninstinkt, sich verbergen, schnell zuschlagen, mit natürlichen Waffen töten, ...

»*Hexe* *(HB/NB)«*

Typische Tätigkeiten:	Kräuterkunde, Tränke brauen, Wissen über Krankheiten, Tiere kontrollieren, einschüchtern, ...
Ähnliche Tätigkeiten:	Wissen über Übernatürliches, Magie spüren, Magie widerstehen, Schutzzauber, Geburtshilfe, ...

Tabelle 20: *Wissensgebiete (Fortsetzung)*

»**Historiker** (HB/NB)«		
	Typische Tätigkeiten:	Wissen über Geschichte und Entstehung der Welt, über wichtige Ereignisse in der Vergangenheit und politische Zusammenhänge, Wissen über alte Kulturen, ...
	Ähnliche Tätigkeiten:	Wissen über alte Sprachen, Architektur, Religionen, Literatur, ...
»**Hobby-Alchemist** (HB/NB)«		
	Typische Tätigkeiten:	Anorganische Chemie, experimentieren und forschen, Wissen über mystische, alchemistische Schriften und Symbole, ...
	Ähnliche Tätigkeiten:	Philosophie, Chemikalien besorgen, ...
»**Hobby-Archäologe** (HB/NB)«		
	Typische Tätigkeiten:	Kleine Objekte freilegen, bekannte Ausgrabungsorte, Legenden zu alten Kultstätten und Schätzen, Karten lesen, ...
	Ähnliche Tätigkeiten:	Wissen über alte Kulturen und entsprechende Ausstellungen, Karten zeichnen, Fallen entdecken, Fallen entschärfen, Rätsel, ...
»**Hobby-Koch** (HB/NB)«		
	Typische Tätigkeiten:	Rezepte, kochen, Zutaten besorgen, Kochforen im Internet, ...
	Ähnliche Tätigkeiten:	Backen, dekorieren, ...
»**Hobby-Landschaftsmaler** (HB/NB)«		
	Typische Tätigkeiten:	Künstlerisch malen, Wissen über alte und neue Maler, Material einkaufen, genau beobachten, ...
	Ähnliche Tätigkeiten:	Kunstwerke schätzen, Wissen über entsprechende Ausstellungen, Gespür für Ästhetik, ...
»**Hyäne aus der Steppe Afrikas** (K/S)«		
	Typische Tätigkeiten:	Mit Artgenossen kommunizieren, Wissen über Wasserstellen und Gefahren der Steppe, laufen, alles was im täglichen Leben wichtig ist, ...
	Ähnliche Tätigkeiten:	Springen, klettern, Recht des Stärkeren, haarlose Zweibeiner einschätzen, ...

Tabelle 21: *Wissensgebiete (Fortsetzung)*

***»Hypnose-Künstler** (HB/NB)«*

Typische Tätigkeiten:	Hypnotisieren, beruhigen, überreden, Wissen über Psychologie, ...
Ähnliche Tätigkeiten:	Menschenkenntnis, Ausreden finden, schauspielern, Bühnentricks, ...

***»Intrigant** (NB)«*

Typische Tätigkeiten:	Pläne schmieden, einschmeicheln, überreden, Intrigen erkennen, ...
Ähnliche Tätigkeiten:	Menschenkenntnis, Ausreden finden, schauspielern, lügen, ...

***»Jäger** (HB/NB)«*

Typische Tätigkeiten:	Spurenlesen, schleichen, schießen, Tiere ausweiden, Wissen über die Jagdverordnung, ...
Ähnliche Tätigkeiten:	Orientierung im Wald, Tierkunde, Pflanzenkunde, Forstwirtschaft, ...

***»Kaiserlicher Elitesoldat** (HB/NB)«*

Typische Tätigkeiten:	Wissen über militärische Organisation, Nahkampf mit Säbel, Umgang mit Gewehr und Bajonett, reiten, ...
Ähnliche Tätigkeiten:	Nahkampf ohne Waffen, Waffenpflege, schleichen, Taktik, körperliche Fitness, ...

***»Kalligraph** (HB/NB)«*

Typische Tätigkeiten:	Künstlerisch schreiben, Wissen über alte und neue Schriften, Material einkaufen oder selbst herstellen, ...
Ähnliche Tätigkeiten:	Werke anderer Künstler erkennen, Gespür für Ästhetik, altertümliche Ausdrucksweise, ...

***»Kampfpilot** (HB/NB)«*

Typische Tätigkeiten:	Raumschiff steuern, Raumkampf, Wissen über Raumjäger und militärische Organisation, Regeln und Gesetze der Raumfahrt, Umgang mit Laserpistolen, ...
Ähnliche Tätigkeiten:	Raumschifftechnik, Orientierung im All, Wissen über fremde Welten und Außerirdische, ...

Tabelle 22: *Wissensgebiete (Fortsetzung)*

»Karawanenführer *(HB/NB)«*

Typische Tätigkeiten: Orientierung, Wissen über Oasen und Gefahren der Wüste, Wüstenreisen organisieren, reiten, ...
Ähnliche Tätigkeiten: Kamele führen und versorgen, handeln, ...

»Klassik-Liebhaber *(HB/NB)«*

Typische Tätigkeiten: Wissen über Komponisten, Musikstücke und stattfindende Konzerte im Bereich Klassik, Bezugsquellen für ausgefallene Stücke, ...
Ähnliche Tätigkeiten: Dirigieren, Instrument spielen, ...

»Klostergärtner *(HB/NB)«*

Typische Tätigkeiten: Gartenpflege, Wissen über geeignete Pflanzzeiten, Schädlinge bekämpfen, Wetter beobachten, ...
Ähnliche Tätigkeiten: Kräuterkunde, Pflanzenkunde, ...

»Koch *(HB/NB)«*

Typische Tätigkeiten: Rezepte, kochen in großen Mengen, Zutaten besorgen, Auflagen Gesundheitsamt, ...
Ähnliche Tätigkeiten: Ernährungswissenschaft, backen, dekorieren, Restaurant führen, ...

»Köderer (Tier) *(HB/NB)«*

Typische Tätigkeiten: Beute anlocken, sich verbergen, genügsam ausharren, schnell zuschlagen, ...
Ähnliche Tätigkeiten: Gefahreninstinkt, mit natürlichen Waffen töten, ...

»Kompa-Musiker *(HB/NB)«*

Typische Tätigkeiten: Saxophon spielen, Noten lesen, Musikinstrument pflegen, ...
Ähnliche Tätigkeiten: Kenntnisse über bekannte Kompa-Stücke, komponieren, ...

»Königlicher Hofmagier *(HB/NB)«*

Typische Tätigkeiten: Gedanken lesen, Tiere kontrollieren, einschüchtern, Wissen über Übernatürliches und Flüche, Schutzzauber, ...
Ähnliche Tätigkeiten: Magischen Einflüssen widerstehen, aktive Magie erkennen, alte Runen und Schriften lesen, ...

Tabelle 23: *Wissensgebiete (Fortsetzung)*

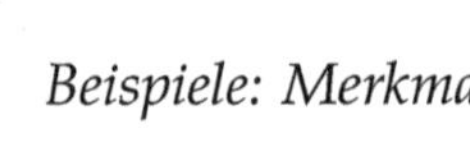

***»Königlicher Spion** (HB/NB)«*	
Typische Tätigkeiten:	Sich verbergen, schleichen, aufmerksames Beobachten, bewusstlos schlagen, Schlösser knacken, Verborgenes entdecken, ...
Ähnliche Tätigkeiten:	Fremdsprache, Heraldik, lügen, Lügen erkennen, fälschen, ...
***»Koranschüler** (HB/NB)«*	
Typische Tätigkeiten:	Kenntnis der 114 Suren, Religion, lesen und schreiben, Mathematik, ...
Ähnliche Tätigkeiten:	Körperliche Ertüchtigung, Fremdsprache, Geographie, ...
***»Kräuter-Öko** (HB/NB)«*	
Typische Tätigkeiten:	Kräuterkunde, Wissen über Tees, immer 'nen Haschkeks oder 'ne Tüte zur Hand haben, ...
Ähnliche Tätigkeiten:	Gartenpflege, Haschkekse backen, Wissen über Drogenanbau, ...
***»Krieger** (HB/NB)«*	
Typische Tätigkeiten:	Nahkampf mit Schwert, Schild und Bidenhänder, bewegen und reiten in Rüstung, ...
Ähnliche Tätigkeiten:	Waffenpflege, Rüstungspflege, raufen, körperliche Fitness, ...
***»Krieger der Bauernaufstände** (HB/NB)«*	
Typische Tätigkeiten:	Wissen über militärische Organisation, Nahkampf mit Yari (Spieß), bewegen in leichter Rüstung (Haramaki), körperliche Fitness, ...
Ähnliche Tätigkeiten:	Heraldik, Waffenpflege, Rüstungspflege, Taktik, ...

Tabelle 24: *Wissensgebiete (Fortsetzung)*

»*Kriminaloberkommissar* (*HB/NB*)«	
Typische Tätigkeiten:	Kriminalistik, verhören, Alltag im Präsidium, recherchieren, Pistolenschießen, aufmerksam beobachten, ...
Ähnliche Tätigkeiten:	Spuren sichern, Schlösser knacken, deeskalieren, Personen festnehmen, ...
»*Kunstkenner* (*HB/NB*)«	
Typische Tätigkeiten:	Kunst und Kultur, Wissen über Künstler, Galerien und Ausstellungen, Dinge in Kunstwerke hinein interpretieren, ...
Ähnliche Tätigkeiten:	Kunstgegenstände schätzen, klassische Musik, Nouvelle Cuisine, ...
»*Kunstschmied* (*HB/NB*)«	
Typische Tätigkeiten:	Edelmetalle bearbeiten, Feinmotorik, Qualität von Schmuck und Zierrat einschätzen, Material besorgen, ...
Ähnliche Tätigkeiten:	Wissen über Edelsteine, Handwerksbetrieb führen, Wissen über Gildenwesen, handeln, ...
»*Lauerjäger (Tier)* (*HB/NB*)«	
Typische Tätigkeiten:	Beute aufspüren, Witterung aufnehmen, schleichen, sich verbergen, schnell zuschlagen, ...
Ähnliche Tätigkeiten:	Gefahreninstinkt, mit natürlichen Waffen angreifen und töten, ...
»*Lautenspieler* (*HB/NB*)«	
Typische Tätigkeiten:	Laute spielen, Noten lesen, Musikinstrument pflegen, ...
Ähnliche Tätigkeiten:	Wissen über Volkslieder und Balladen, komponieren, singen, ...
»*Lebemann* (*HB/NB*)«	
Typische Tätigkeiten:	Organisation von Festen, Wissen über teures Essen und Trinken, Wissen über entsprechende Gaststätten mit geeigneter Unterhaltung, über Bäder und Massagen, ...
Ähnliche Tätigkeiten:	Trinkfestigkeit, Musik, Tanzen, ...

Tabelle 25: *Wissensgebiete (Fortsetzung)*

»Legionär *(HB/NB)«*	
Typische Tätigkeiten:	Wissen über die römische Legion, Nahkampf mit Gladius, Scutum und Pilum, bewegen in Rüstung (Lorica Segmentata), ...
Ähnliche Tätigkeiten:	Schildformationen, Waffenpflege, Rüstungspflege, Nahkampf ohne Waffe, Taktik, Langstreckenlauf, ...
»Leibwächter *(HB/NB)«*	
Typische Tätigkeiten:	Umgang mit Handfeuerwaffen, aufmerksames Beobachten, Gefahreninstinkt, körperliche Fitness, Klient abschirmen, ...
Ähnliche Tätigkeiten:	Erste Hilfe, Nahkampf ohne Waffen, Wissen über Überwachungstechnologie, ...
»Lykantropenjäger *(HB/NB)«*	
Typische Tätigkeiten:	Wissen über Werwölfe, deren Stärken, Schwächen und Lebensweise, schleichen, Umgang mit Silberwaffen, Spurenlesen, ...
Ähnliche Tätigkeiten:	Aufmerksames Beobachten, Orientierung im Dunkeln, schnell aufwachen, Nachts aktiv sein, ...
»Magier *(HB/NB)«*	
Typische Tätigkeiten:	Lichtkugel erschaffen, Schutzzauber, Telekinese, Form verändern, magischer Angriff, ...
Ähnliche Tätigkeiten:	Magischen Einflüssen widerstehen, aktive Magie erkennen, Wissen über Übernatürliches und Flüche, alte Runen und Schriften lesen, ...

Tabelle 26: *Wissensgebiete (Fortsetzung)*

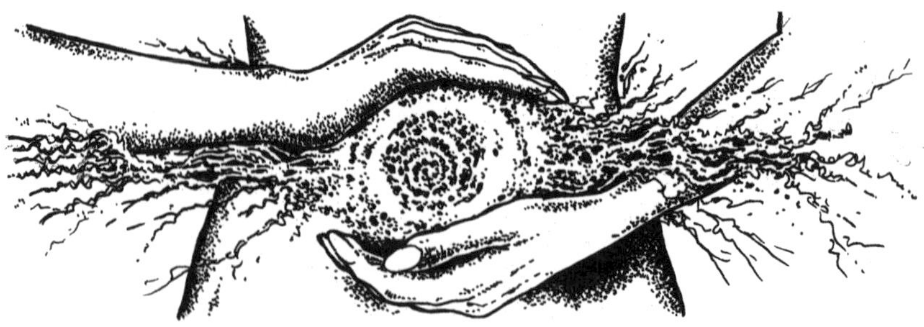

»Märchenerzähler *(HB/NB)«*	
Typische Tätigkeiten:	Märchen erzählen, Kenntnisse über nationale und internationale Märchen, Wissen über Märchenfiguren und Sagengestalten, ...
Ähnliche Tätigkeiten:	Märchen erfinden, Wissen über geschichtliche Hintergründe zu Märchen, ...
»Mensch aus Chaos-City *(K/S)«*	
Typische Tätigkeiten:	Englisch sprechen, lesen und schreiben, Wissen über Land und Leute, aktuelle Superhelden und Superschurken, laufen, essen mit Messer und Gabel, alles was im täglichen Leben wichtig ist, ...
Ähnliche Tätigkeiten:	Springen, klettern, mittlere Schulbildung, Gesetze, Unterhaltungselektronik, Smartphones nutzen, Auto fahren, Schaden bei Versicherung einreichen, ...
»Mensch aus Columbus, Ohio *(K/S)«*	
Typische Tätigkeiten:	Englisch sprechen, lesen und schreiben, Wissen über Land und Leute, laufen, essen mit Messer und Gabel, alles was im täglichen Leben wichtig ist, ...
Ähnliche Tätigkeiten:	Springen, klettern, mittlere Schulbildung, Gesetze, Politik, Unterhaltungselektronik, Smartphones nutzen, Auto fahren, Wissen über amerikanische Sportarten, ...
»Mensch aus dem alten Persien *(K/S)«*	
Typische Tätigkeiten:	Arabisch sprechen, Wissen über Land und Leute, laufen, Feuer machen, alles was im täglichen Leben wichtig ist, ...
Ähnliche Tätigkeiten:	Springen, klettern, Gesetze, häusliches Handwerk, handeln, Handarbeiten, reiten, ...
»Mensch aus dem Bärenclan *(K/S)«*	
Typische Tätigkeiten:	Die Zunge des Clans sprechen, Wissen über Land und Leute, laufen, Feuer machen, alles was im täglichen Leben wichtig ist, ...
Ähnliche Tätigkeiten:	Springen, klettern, Dinge des täglichen Lebens herstellen, jagen, sammeln, in den Wäldern und der Steppe überleben, ...

Tabelle 27: *Wissensgebiete (Fortsetzung)*

 ***»Mensch aus dem Chicago der dreißiger Jahre** (K/S)«*

Typische Tätigkeiten: Englisch sprechen, lesen und schreiben, Wissen über Land und Leute, laufen, essen mit Messer und Gabel, alles was im täglichen Leben wichtig ist, ...

Ähnliche Tätigkeiten: Springen, klettern, mittlere Schulbildung, Gesetze, Politik, Trinkfestigkeit, Wissen über Jazz-Musik, Swing tanzen, ...

 ***»Mensch aus der deutschen Mittelschicht** (K/S)«*

Typische Tätigkeiten: Deutsch sprechen, lesen und schreiben, Wissen über Land und Leute, laufen, essen mit Messer und Gabel, alles was im täglichen Leben wichtig ist, ...

Ähnliche Tätigkeiten: Springen, klettern, mittlere Schulbildung, Englisch sprechen, lesen und schreiben, Gesetze, Politik, Unterhaltungselektronik, Smartphones nutzen, Auto fahren, ...

 ***»Mensch aus der indischen Mittelschicht** (K/S)«*

Typische Tätigkeiten: Einen indischen Dialekt sprechen, lesen und schreiben, Wissen über Land und Leute, laufen, alles was im täglichen Leben wichtig ist, ...

Ähnliche Tätigkeiten: Fremdsprache (Englisch) sprechen, lesen und schreiben, springen, klettern, mittlere Schulbildung, Gesetze, Politik, Smartphones nutzen, ...

 ***»Mensch aus dem letzten freien Königreich der Menschen** (K/S)«*

Typische Tätigkeiten: Gemeinsame Sprache sprechen, Wissen über Land und Leute, laufen, Feuer machen, alles was im täglichen Leben wichtig ist, ...

Ähnliche Tätigkeiten: Springen, klettern, Gesetze, häusliches Handwerk, handeln, Handarbeiten, jagen, ...

***»Mensch aus dem mittelalterlichen, fränkischen Adel** (K/S)«*

Typische Tätigkeiten: Altfränkisch sprechen, schreiben und lesen, Wissen über Land und Leute, laufen, herrschen, alles was im täglichen Leben wichtig ist, ...

Ähnliche Tätigkeiten: Springen, klettern, Gesetze, Politik, Latein sprechen, lesen und schreiben, rechnen, Heraldik, musizieren, ...

Tabelle 28: *Wissensgebiete (Fortsetzung)*

***»Mensch aus dem mittelalterlichen, fränkischen Volk** (K/S)«*

Typische Tätigkeiten: Altfränkisch sprechen, Wissen über Land und Leute, laufen, Feuer machen, alles was im täglichen Leben wichtig ist, ...

Ähnliche Tätigkeiten: Springen, klettern, Gesetze, häusliches Handwerk, handeln, Handarbeiten, jagen, ...

***»Mensch aus dem mittelalterlichen Norwegen** (K/S)«*

Typische Tätigkeiten: Altnorwegisch sprechen, Wissen über Land und Leute, laufen, Feuer machen, alles was im täglichen Leben wichtig ist, ...

Ähnliche Tätigkeiten: Springen, klettern, Gesetze, häusliches Handwerk, handeln, Handarbeiten, fischen, ...

***»Mensch aus dem postapokalyptischen Salt Lake City** (K/S)«*

Typische Tätigkeiten: Englisch sprechen, Wissen über Land und Leute, laufen, Feuer machen, alles was im täglichen Leben wichtig ist, ...

Ähnliche Tätigkeiten: Springen, klettern, Gesetz des Stärkeren, Kleidung flicken, Nahrung sammeln, in der Wildnis überleben, ...

***»Mensch aus den Mars-Kolonien** (K/S)«*

Typische Tätigkeiten: Englisch sprechen, lesen und schreiben, Wissen über Land und Leute, laufen, essen aus Tuben, mit Schutzanzug umgehen, alles was im täglichen Leben wichtig ist, ...

Ähnliche Tätigkeiten: Springen, klettern, mittlere Schulbildung, Gesetze, mit Kolonisierungsgerätschaften umgehen, Kommunikatoren nutzen, Politik, ...

***»Mensch aus den USA** (K/S)«*

Typische Tätigkeiten: Englisch sprechen, lesen und schreiben, Wissen über Land und Leute, laufen, essen mit Messer und Gabel, alles was im täglichen Leben wichtig ist, ...

Ähnliche Tätigkeiten: Springen, klettern, mittlere Schulbildung, Gesetze, Politik, Unterhaltungselektronik, Smartphones nutzen, Auto fahren, Wissen über TV-Shows und Seifenopern, ...

Tabelle 29: *Wissensgebiete (Fortsetzung)*

***»Mensch aus der gebildeten Pariser Oberschicht** (K/S)«*

Typische Tätigkeiten:	Französisch sprechen, lesen und schreiben, Wissen über Land und Leute, laufen, essen mit Messer und Gabel, alles was im täglichen Leben wichtig ist, ...
Ähnliche Tätigkeiten:	Springen, klettern, höhere Schulbildung, Englisch und Latein, sprechen, lesen und schreiben, Gesetze, Politik, Kunst und Kultur, Smartphones nutzen, Auto fahren, ...

***»Mensch aus dem karibischen Haiti** (K/S)«*

Typische Tätigkeiten:	Haitianisch sprechen, lesen und schreiben, Wissen über Land und Leute, laufen, essen mit Messer und Gabel, alles was im täglichen Leben wichtig ist, ...
Ähnliche Tätigkeiten:	Französisch sprechen, lesen und schreiben, springen, klettern, Grundschulbildung, Gesetze, Unterhaltungselektronik, Smartphones nutzen, ...

***»Mensch aus dem feudalistischen Osaka** (K/S)«*

Typische Tätigkeiten:	Japanisch sprechen, Wissen über Land und Leute, laufen, essen mit Stäbchen, Feuer machen, alles was im täglichen Leben wichtig ist, ...
Ähnliche Tätigkeiten:	Springen, klettern, Gesetze, Handarbeiten, handeln, Teezeremonie, ...

***»Mensch aus Detroit, Michigan** (K/S)«*

Typische Tätigkeiten:	Englisch sprechen, lesen und schreiben, Wissen über Land und Leute, laufen, essen mit Messer und Gabel, alles was im täglichen Leben wichtig ist, ...
Ähnliche Tätigkeiten:	Springen, klettern, mittlere Schulbildung, Gesetze, Straßenleben, Unterhaltungselektronik, Smartphones nutzen, Auto fahren, ...

***»Mensch aus einer französischen Arbeiterfamilie** (K/S)«*

Typische Tätigkeiten:	Französisch sprechen, lesen und schreiben, Wissen über Land und Leute, laufen, essen mit Messer und Gabel, alles was im täglichen Leben wichtig ist, ...
Ähnliche Tätigkeiten:	Springen, klettern, mittlere Schulbildung, Gesetze, Politik, Sport, Unterhaltungselektronik, Smartphones nutzen, Auto fahren, ...

Tabelle 30: *Wissensgebiete (Fortsetzung)*

»***Mensch aus gutem britischen Hause*** *(K/S)«*	
Typische Tätigkeiten:	Englisch sprechen, lesen und schreiben, Wissen über Land und Leute, laufen, essen mit Messer und Gabel, alles was im täglichen Leben wichtig ist, ...
Ähnliche Tätigkeiten:	Springen, klettern, höhere Schulbildung, Französisch sprechen, lesen und schreiben, Gesetze, Politik, Reiten, Smartphones nutzen, Auto fahren, ...
»***Mensch aus Nürnberg*** *(K/S)«*	
Typische Tätigkeiten:	Deutsch sprechen, lesen und schreiben, Wissen über Land und Leute, laufen, essen mit Messer und Gabel, alles was im täglichen Leben wichtig ist, ...
Ähnliche Tätigkeiten:	Springen, klettern, mittlere Schulbildung, Englisch sprechen, lesen und schreiben, Gesetze, Politik, Unterhaltungselektronik, Smartphones nutzen, Auto fahren, ...
»***Mensch aus Oberägypten*** *(K/S)«*	
Typische Tätigkeiten:	Altägyptisch sprechen, Wissen über Land und Leute, laufen, Feuer machen, alles was im täglichen Leben wichtig ist, ...
Ähnliche Tätigkeiten:	Springen, klettern, schwimmen, Gesetze, häusliches Handwerk, handeln, Handarbeiten, ...
»***Mensch aus Tombstone in Arizona*** *(K/S)«*	
Typische Tätigkeiten:	Englisch sprechen, lesen und schreiben, Wissen über Land und Leute, laufen, reiten, essen mit Messer und Gabel, alles was im täglichen Leben wichtig ist, ...
Ähnliche Tätigkeiten:	Springen, klettern, Grundschulbildung, ...

Tabelle 31: *Wissensgebiete (Fortsetzung)*

 ***»Mensch vom heiligen Berg Koyasan** (K/S)«*

Typische Tätigkeiten: Japanisch sprechen, lesen und schreiben, Wissen über Land und Leute, laufen, essen mit Stäbchen, Feuer machen, alles was im täglichen Leben wichtig ist, ...

Ähnliche Tätigkeiten: Springen, klettern, Gesetze, Handarbeiten, Buddhismus, ...

***»Mensch vom rumänischen Vampirclan der Trandafir Sângeros** (K/S)«*

Typische Tätigkeiten: Rumänisch sprechen, lesen und schreiben, Wissen über Land und Leute, laufen, unter Menschen leben, Blut trinken, alles was im täglichen Leben wichtig ist, ...

Ähnliche Tätigkeiten: Springen, klettern, mittlere Schulbildung, Englisch sprechen, lesen und schreiben, Gesetze, Clanpolitik, Unterhaltungselektronik, Smartphones nutzen, Auto fahren, ...

***»Mensch vom Stamm der Hopi-Indianer** (K/S)«*

Typische Tätigkeiten: Zunge der Hopi sprechen, Wissen über Land und Leute, laufen, Feuer machen, alles was im täglichen Leben wichtig ist, ...

Ähnliche Tätigkeiten: Springen, klettern, schwimmen, Englisch sprechen, Gesetze der Wildnis, reiten, ...

***»Mensch von der Erd-Föderation** (K/S)«*

Typische Tätigkeiten: Esperanto sprechen, lesen und schreiben, Wissen über Land und Leute, laufen, essen mit Messer und Gabel, alles was im täglichen Leben wichtig ist, ...

Ähnliche Tätigkeiten: Springen, klettern, höhere Schulbildung, Gesetze, mit Holo-Technologie umgehen, Landgleiter fliegen, ...

***»Motorrad-Freak** (HB/NB)«*

Typische Tätigkeiten: Motorrad fahren, Wissen über die Szene, über Marken und Club-Treffen, Motorrad pflegen, Ersatzteile besorgen, ...

Ähnliche Tätigkeiten: Maschine aufmotzen und daran herum schrauben, Wissen über Motorradtechnik, Vereinsleben, ...

Tabelle 32: *Wissensgebiete (Fortsetzung)*

»Mutter *(HB/NB)«*

Typische Tätigkeiten: Liebevoll versorgen und erziehen, trösten, Geborgenheit geben, Gemüts- und Gesundheitszustand einschätzen, ...

Ähnliche Tätigkeiten: Fürsorglich aufopfern, gesundes Essen kochen, spielen und herum albern, ...

»Nil-Kapitän *(HB/NB)«*

Typische Tätigkeiten: Schiff steuern, Wissen über Verlauf und Gefahren des Nils, Nil-Fahrt organisieren, Mannschaft führen, ...

Ähnliche Tätigkeiten: Wetter beobachten, Wissen über Schiffseigenschaften und Schiffstechnik, handeln, ...

»Obdachloser Herumtreiber *(HB/NB)«*

Typische Tätigkeiten: Wissen über das Straßenleben und dessen Gefahren, Essen auftreiben, sicheren Unterschlupf finden, aufmerksames Beobachten, betteln, ...

Ähnliche Tätigkeiten: Unangenehmen Temperaturen widerstehen, stehlen, untertauchen, ...

»Offizier *(HB/NB)«*

Typische Tätigkeiten: Wissen über militärische Organisation, Strategie und Taktik, Menschenführung, Nahkampf mit Säbel, ...

Ähnliche Tätigkeiten: Heraldik, reiten, Verwaltung, Umgang mit Gewehr und Bajonett, ...

»Parasit (Tier) *(HB/NB)«*

Typische Tätigkeiten: Wirt finden, sich verbergen, genügsam ausharren bis Wirt gefunden ist, ...

Ähnliche Tätigkeiten: Gegebenenfalls mit natürlichen Waffen in Wirt eindringen, ...

»Parcour-Läufer *(HB/NB)«*

Typische Tätigkeiten: Laufen, springen, Akrobatik, klettern, körperliche Fitness, ...

Ähnliche Tätigkeiten: Beweglichkeit, Langstreckenlauf, Höhenangst und Schwindel widerstehen, ...

Tabelle 33: *Wissensgebiete (Fortsetzung)*

»Party-Löwe *(HB/NB)«*

Typische Tätigkeiten: Organisation von Festen, Wissen über geeignetes Essen, Trinken und Unterhaltung, geeignete Lokale finden, Smalltalk, ...
Ähnliche Tätigkeiten: Trinkfestigkeit, Schlafmangel ausgleichen, Musik, Tanzen, Witze reißen, ...

»Pferdenarr *(HB/NB)«*

Typische Tätigkeiten: Reiten, Pferde beruhigen, striegeln, satteln und aufzäumen, ...
Ähnliche Tätigkeiten: Wissen über Pferde, Zucht und Krankheiten, Stallarbeit, ...

»Poet *(HB/NB)«*

Typische Tätigkeiten: Gedichte vortragen, Wissen über alte und neue Dichter und Poeten, dichten, ...
Ähnliche Tätigkeiten: Möglichkeiten der Vermarktung, Literatur, ...

»Polizist *(HB/NB)«*

Typische Tätigkeiten: Zeugen befragen, Personen festnehmen, Alltag im Präsidium, Pistolenschießen, Recht und Gesetz, aufmerksames Beobachten, ...
Ähnliche Tätigkeiten: Verhöre, Spurensicherung, Deeskalation, Autofahren, Selbstverteidigung, ...

»Professor der Xenoarchäologie *(HB/NB)«*

Typische Tätigkeiten: Organisation von Ausgrabungen, Wissen über außerirdische Völker und Kultstätten, bekannte Ausgrabungsorte und Alien-Artefakte, Navigationsgeräte bedienen, ...
Ähnliche Tätigkeiten: Wissen über Exoplaneten und alte außerirdische Architektur, Vermessungs-Computer bedienen, recherchieren, Kontakte zu Kollegen, ...

»Professor für Sozialanthropologie *(HB/NB)«*

Typische Tätigkeiten: Wissen über Ethnien, Kulturen, Sozialstrukturen, Religionen und Sprachen, recherchieren, ...
Ähnliche Tätigkeiten: Wissen über Rituale und Kultstätten, Kontakte zu Kollegen, Menschen einschätzen, ...

Tabelle 34: *Wissensgebiete (Fortsetzung)*

»Profi-Wrestler *(HB/NB)«*	
Typische Tätigkeiten:	Ringen, Trainingsmethoden, Wissen über das Wrestling-Business, schauspielern, Kraftakte, angeben und prahlen, ...
Ähnliche Tätigkeiten:	Wissen über Stars, Schmerzen widerstehen, Beweglichkeit, Bodybuilding, ...
»Psi-Agent *(HB/NB)«*	
Typische Tätigkeiten:	Geistiger Manipulation widerstehen, Gedanken lesen, Gedanken manipulieren, aufmerksames Beobachten, Organisation der Psi-Agentur, sich verbergen, verhören, ...
Ähnliche Tätigkeiten:	Psychologie, Diplomatie, ...
»Raumgardist *(HB/NB)«*	
Typische Tätigkeiten:	Wissen über Polizeiarbeit, Recht, Gesetz, Umgang mit der Laserpistole, aufmerksames Beobachten, Haltegriffe, ...
Ähnliche Tätigkeiten:	Erste Hilfe, Wissen über Außerirdische, Nahkampf ohne Waffen, ...
»Raumschmuggler *(HB/NB)«*	
Typische Tätigkeiten:	Raumschiff steuern, Raumkampf, Regeln und Gesetze der Raumfahrt, Schmuggelgeschäfte abschließen, Kontakt zu Untergrundorganisationen, ...
Ähnliche Tätigkeiten:	Raumschifftechnik, Wissen über fremde Welten und Außerirdische, Orientierung im All, ...
»Reisbauer *(HB/NB)«*	
Typische Tätigkeiten:	Reis anbauen, Wetter beobachten, bewässern, Schädlinge bekämpfen, Saatgut besorgen, ...
Ähnliche Tätigkeiten:	Bauernhof führen, handeln, andere Nutzpflanzen anbauen, ...
»Revolver-Braut *(HB/NB)«*	
Typische Tätigkeiten:	Umgang mit Revolver und Flinte, schnell die Waffe ziehen, Deckung finden, ...
Ähnliche Tätigkeiten:	Waffe pflegen, Gegner einschätzen, aufmerksames Beobachten, ...

Tabelle 35: *Wissensgebiete (Fortsetzung)*

»Ringer *(HB/NB)«*	
Typische Tätigkeiten:	Ringen, Wissen über den Sport, Turniere, Trainingsmethoden, ...
Ähnliche Tätigkeiten:	Wissen über Stars, Schmerzen widerstehen, Beweglichkeit, schnell reagieren, ...
»Rollenspieler *(HB/NB)«*	
Typische Tätigkeiten:	Rollenspielen, Wissen über die Szene und Regelwerke, Kreativität, Rätsel lösen, ...
Ähnliche Tätigkeiten:	Abenteuer und Welten erfinden, Wissen über Mittelalter, Fantasy, Science-Fiction, Statistik, schauspielern, ...
»Saloon-Tänzerin *(HB/NB)«*	
Typische Tätigkeiten:	Can-Can tanzen, elegant bewegen, körperliche Fitness, verführen, ...
Ähnliche Tätigkeiten:	Choreographien erarbeiten, schminken, aktuelle Gruppen- und Paartänze, ...
»Sammler (Tier) *(HB/NB)«*	
Typische Tätigkeiten:	Nahrung aufspüren, sich verbergen, Gefahreninstinkt, ...
Ähnliche Tätigkeiten:	Sprinten, mit natürlichen Waffen verteidigen, ...
»Samurai *(HB/NB)«*	
Typische Tätigkeiten:	Wissen über militärische Organisation, Nahkampf mit Katana und Wakizashi, bewegen in mittelschwerer Rüstung (O-Yoroi), reiten, ...
Ähnliche Tätigkeiten:	Wissen über Verwaltung, Heraldik, Waffenpflege, Rüstungspflege, Taktik, Bogenschießen, Nahkampf ohne Waffen, ...
»Sanitäter *(HB/NB)«*	
Typische Tätigkeiten:	Erste Hilfe, Kranke und Verletzte transportieren, Krankenwagen fahren, Wissen über Notfallwesen und die schnellsten Routen durch die Stadt, ...
Ähnliche Tätigkeiten:	Wissen über lokale Krankenhäuser und dortige Abläufe, deeskalieren, physischen und psychischen Zustand einschätzen, ...

Tabelle 36: *Wissensgebiete (Fortsetzung)*

***»Sattler** (HB|NB)«*

Typische Tätigkeiten:	Sattel, Zaumzeug, Kummet herstellen, Lederverarbeitung, Qualität von Lederwaren einschätzen, Material besorgen, ...
Ähnliche Tätigkeiten:	Handwerksbetrieb führen, Wissen über Gildenwesen, handeln, ...

***»Schachspieler** (HB|NB)«*

Typische Tätigkeiten:	Schach spielen, Wissen über den Sport, Turniere und berühmte Spiele und Spieler, vorausdenken, ...
Ähnliche Tätigkeiten:	Logisch denken, Muster merken, Vereinswesen, ...

***»Schamane** (HB|NB)«*

Typische Tätigkeiten:	Wissen über Geister- und Götterwelt, beten, in Trance versetzen, Geister kontaktieren, Wissen über Krankheiten, ...
Ähnliche Tätigkeiten:	Kräuterkunde, Tränke brauen, Übernatürliches spüren, Geistern widerstehen, ...

***»Scharfschütze des SEK** (HB|NB)«*

Typische Tätigkeiten:	Wissen über Polizeiorganisation, schießen, Recht, Gesetz, aufmerksames Beobachten, ruhige Hand, starke Nerven, ...
Ähnliche Tätigkeiten:	Nahkampf ohne Waffen, Haltegriffe, Waffenpflege, Häuser stürmen, ...

***»Schatzjäger** (HB|NB)«*

Typische Tätigkeiten:	Legenden zu alten Kultstätten und Schätzen, Karten lesen, Fallen entdecken, Fallen entschärfen, Rätsel lösen, ...
Ähnliche Tätigkeiten:	Aufmerksames Beobachten, antike Gegenstände schätzen, handeln, recherchieren, ...

***»Schneider** (HB/NB)«*

Typische Tätigkeiten:	Kleidung herstellen, Maß nehmen, Stoffverarbeitung, Kleidungsqualität einschätzen, Material einkaufen, ...
Ähnliche Tätigkeiten:	Handwerksbetrieb führen, Wissen über Gildenwesen, handeln, ...

Tabelle 37: *Wissensgebiete (Fortsetzung)*

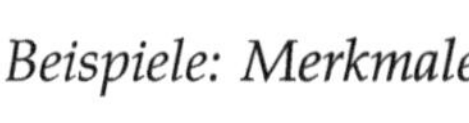

»Schriftsteller *(HB/NB)«*	
Typische Tätigkeiten:	Geschichten erfinden, geeignete Formulierungen und Ausdrucksweisen finden, Maschinenschreiben, Wissen über die Szene, ...
Ähnliche Tätigkeiten:	Möglichkeiten der Vermarktung, Literatur, recherchieren, ...
»Schrottsammler *(HB/NB)«*	
Typische Tätigkeiten:	Wissen über lohnenswerte Sammelplätze und Ankäufer, Wert von Schrott schätzen, handeln, Zugang verschaffen, ...
Ähnliche Tätigkeiten:	Geräte demontieren, schleichen, klettern, Gefahreninstinkt, ...
»Schuster *(HB/NB)«*	
Typische Tätigkeiten:	Schuhe herstellen, Maß nehmen, Lederverarbeitung, Schuhqualität einschätzen, Material einkaufen, ...
Ähnliche Tätigkeiten:	Handwerksbetrieb führen, Wissen über Gildenwesen, handeln, ...
»Serien-Junkie *(NB)«*	
Typische Tätigkeiten:	Fernsehprogramm, Wissen über aktuelle und frühere TV-Serien, Reality-Shows und Schauspieler, Umgang mit Pay-TV-Abos, ...
Ähnliche Tätigkeiten:	Unterhaltungselektronik, Wissen über DVD/Bluray-Erscheinungen, ...

Tabelle 38: *Wissensgebiete (Fortsetzung)*

»*Skalde* (*HB/NB*)«	
Typische Tätigkeiten:	Geschichten und Gedichte rezitieren, Kenntnis über Helden und Sagen, Wissen über Ungeheuer und Sagengestalten, ...
Ähnliche Tätigkeiten:	Ereignisse als Gedicht verfassen, Harfe spielen, singen, Kenntnisse über Volkslieder, ...
»*Sklavenhändler* (*HB/NB*)«	
Typische Tätigkeiten:	Sklaven einschätzen, Wissen über Quellen und Absatzmärkte, handeln, bestechen, Transport organisieren, ...
Ähnliche Tätigkeiten:	Wissen über Recht und Gesetz, Mitgefühl widerstehen, Sklaven anpreisen, ...
»*Soldat, Mittelalter* (*HB/NB*)«	
Typische Tätigkeiten:	Wissen über militärische Organisation, Nahkampf mit Schwert, Schild und Spieß, bewegen in Rüstung, ...
Ähnliche Tätigkeiten:	Heraldik, Waffenpflege, Rüstungspflege, ringen, Taktik, ...
»*Söldner* (*HB/NB*)«	
Typische Tätigkeiten:	Wissen über militärische Organisation, Umgang mit Pistole und Sturmgewehr, schleichen und tarnen, ...
Ähnliche Tätigkeiten:	Nahkampf mit Messer, Waffenpflege, Taktik, körperliche Fitness, ...
»*Stadtwache* (*HB/NB*)«	
Typische Tätigkeiten:	Wissen über militärische Organisation, Recht und Gesetz, die örtliche Unterwelt und örtlichen Klatsch und Tratsch, Nahkampf mit Degen und Parierdolch, aufmerksames Beobachten, ...
Ähnliche Tätigkeiten:	Heraldik, Waffenpflege, ringen, ...
»*Stürmer* (*HB/NB*)«	
Typische Tätigkeiten:	Eishockey spielen im Sturm, Eislaufen, Wissen über den Sport, Turniere, Trainingsmethoden, ...
Ähnliche Tätigkeiten:	Eishockey spielen in der Verteidigung und im Tor, Wissen über Stars, Vereinswesen, ...

Tabelle 39: *Wissensgebiete (Fortsetzung)*

»*Superheld mit Wasserkräften* (*HB/NB*)«

Typische Tätigkeiten: Wasser erzeugen, Wasser kontrollieren, Wasserschild, Wassergeschoss, aufmerksames Beobachten, ...
Ähnliche Tätigkeiten: Auf Wasser laufen, Gefahreninstinkt, Schurken aufspüren, raufen, ...

»*Tae Kwon Do Sportler* (*HB/NB*)«

Typische Tätigkeiten: Vereinsleben, körperliche Fitness, Formen (Hyong) laufen, Bruchtests, ...
Ähnliche Tätigkeiten: Nahkampf ohne Waffen, unterrichten, Schule führen, schnell reagieren, ...

»*Tänzer* (*HB/NB*)«

Typische Tätigkeiten: Übliche Gruppen- und Paartänze, elegant bewegen, körperliche Fitness, ...
Ähnliche Tätigkeiten: Choreographien erarbeiten, schminken, schauspielen, ...

»*Taxifahrer* (*HB/NB*)«

Typische Tätigkeiten: PKW steuern, Wissen über PKW, Straßenverkehrsordnung, Ortskunde, Wissen über Staugefahren, Schleichwege, günstige Tank- und Standmöglichkeiten, ...
Ähnliche Tätigkeiten: Erste Hilfe, LKW steuern, Verkehrsrecht, Taxiordnung, ...

»*Tenor* (*HB/NB*)«

Typische Tätigkeiten: Singen, Noten lesen, Kenntnisse über Opern und Operetten, öffentliches Auftreten, Wissen über die Musikszene, ...
Ähnliche Tätigkeiten: Schauspielen, Kontakt zu anderen Künstlern und zur High Society, ...

»*Teppichhändler* (*HB/NB*)«

Typische Tätigkeiten: Teppichqualität einschätzen, handeln, organisieren von Ware, Ware anpreisen, ...
Ähnliche Tätigkeiten: Handwerksbetrieb führen, Wissen über Gildenwesen, ...

Tabelle 40: *Wissensgebiete (Fortsetzung)*

»*Theaterbesucher* (*HB/NB*)«	
Typische Tätigkeiten:	Wissen über berühmte Theaterstücke, Autoren und Schauspieler, Verhalten im Theater, günstig an Eintrittskarten kommen, ...
Ähnliche Tätigkeiten:	Geschichte des Theaters, berühmte Dialoge zitieren, schauspielern, ...
»*Tierpfleger* (*HB/NB*)«	
Typische Tätigkeiten:	Tiere pflegen, Tiere beruhigen, Wissen über die versorgten Tiere, Tiernahrung und Käfigausstattung besorgen, ...
Ähnliche Tätigkeiten:	Tierzucht, Tiere dressieren, Tiere heilen, Käfigtechnik, ...
»*Tierpräparator* (*HB/NB*)«	
Typische Tätigkeiten:	Konservieren, schnitzen, modellieren, nähen, Material besorgen, ...
Ähnliche Tätigkeiten:	Anatomiekenntnisse, häuten, ausweiden, Felle gerben, ...
»*Torwart* (*HB/NB*)«	
Typische Tätigkeiten:	Eishockey spielen im Tor, Eislaufen, Wissen über den Sport, Turniere, Trainingsmethoden, ...
Ähnliche Tätigkeiten:	Eishockey spielen im Sturm und in der Verteidigung, Wissen über Stars, Vereinswesen, ...
»*Tresorknacker* (*HB/NB*)«	
Typische Tätigkeiten:	Schlösser knacken, schweißen, technisches Knowhow über Tresore, aufmerksames Beobachten, Wissen über die Unterweltszene, ...
Ähnliche Tätigkeiten:	Wert von Dingen schätzen, Hehler finden, schleichen, Fingerspitzengefühl, Gelegenheiten zum Diebstahl finden, ...
»*Überlebenskünstler in der Wüste* (*HB/NB*)«	
Typische Tätigkeiten:	Orientierung in der Wüste, Wissen über Oasen und Gefahren der Wüste, Nahrung finden, Wasser finden, ...
Ähnliche Tätigkeiten:	Wissen über Karawanen, ...

Tabelle 41: *Wissensgebiete (Fortsetzung)*

»Vampirjäger *(HB/NB)«*	
Typische Tätigkeiten:	Wissen über Vampire, deren Stärken, Schwächen und Lebensweise, Ängsten widerstehen, Orientierung im Dunkeln, aufmerksames Beobachten, Nachforschungen anstellen, ...
Ähnliche Tätigkeiten:	Geistiger Manipulation widerstehen, schnell aufwachen, Nachts aktiv sein, ...
»Veranstalter von Kamelrennen *(HB/NB)«*	
Typische Tätigkeiten:	Rennen und Wetten organisieren, Tiere und Reiter einschätzen, handeln, ...
Ähnliche Tätigkeiten:	Wissen über Kamele, Gesetze und die Unterwelt, Betrug wittern, ...
»Versorgungsoffizier *(HB/NB)«*	
Typische Tätigkeiten:	Wissen über militärische Organisation, Nachschub, Menschenführung, Umgang mit Pistole, MP, ...
Ähnliche Tätigkeiten:	Steuern eines LKW, Straßenverkehrsordnung, erste Hilfe, Umgang mit MG und Sturmgewehr, Waffenpflege, ...
»Verteidiger *(HB/NB)«*	
Typische Tätigkeiten:	Eishockey spielen in der Verteidigung, Eislaufen, Wissen über den Sport, Turniere, Trainingsmethoden, ...
Ähnliche Tätigkeiten:	Eishockey spielen im Sturm und im Tor, Wissen über Stars, Vereinswesen, ...
»Vogelzüchter *(HB/NB)«*	
Typische Tätigkeiten:	Vögel versorgen und aufziehen, mit Vögeln umgehen, Wissen über Vereine und andere Züchter, ...
Ähnliche Tätigkeiten:	Gesundheitszustand von Vögeln einschätzen, Ornithologie, Vögel dressieren, ...
»Wachtmeister (altertümlich für Feldwebel) *(HB/NB)«*	
Typische Tätigkeiten:	Wissen über militärische Organisation und Verwaltung, Nahkampf mit Säbel, Umgang mit Gewehr und Bajonett, ...
Ähnliche Tätigkeiten:	Menschenführen, Waffenpflege, reiten, Taktik, ...

Tabelle 42: *Wissensgebiete (Fortsetzung)*

»Weidegänger (Tier) *(HB/NB)«*

Typische Tätigkeiten: Weidegründe finden, Gefahreninstinkt, Sprinten, ...
Ähnliche Tätigkeiten: Orientierung, mit natürlichen Waffen verteidigen, ...

»Weinkenner *(HB/NB)«*

Typische Tätigkeiten: Weine am Geschmack erkennen, Wissen über verschiedene Weinsorten und lokale Weinhändler, verschiedene Noten heraus schmecken, ...
Ähnliche Tätigkeiten: Wissen über bekannte Weingüter und die Weinherstellung, exquisite Gaststätten, ...

»Weltraumpirat *(HB/NB)«*

Typische Tätigkeiten: Raumschiff steuern, Raumkampf, Umgang mit Strahlenwaffen, Kontakt zu Untergrundorganisationen, Verstecke finden, ...
Ähnliche Tätigkeiten: Wissen über Schwachstellen und Entermöglichkeiten bei Raumschiffen, Wissen über fremde Welten und Außerirdische, Orientierung im All, ...

»Zauberer des Kochlöffels *(HB/NB)«*

Typische Tätigkeiten: Wissen über Rezepte, kochen in großen Mengen mit nur einem Topf, benötigte Zutaten aus beliebigem Kühlschrank ziehen, ...
Ähnliche Tätigkeiten: Backen, dekorieren, Zutaten herausschmecken, Stimmung durch Gewürze beeinflussen, ...

»Zentaur von der antiken Peloponnes *(K/S)«*

Typische Tätigkeiten: Altgriechisch sprechen, Wissen über Land und Leute, laufen, Feuer machen, alles was im täglichen Leben wichtig ist, ...
Ähnliche Tätigkeiten: Springen, schwimmen, Gesetze, mit Pferden umgehen, raufen, ...

»Zwerg aus den Tieflanden *(K/S)«*

Typische Tätigkeiten: Zwergisch sprechen, Wissen über Land und Leute, laufen, Trinkfestigkeit, Feuer machen, alles was im täglichen Leben wichtig ist, ...
Ähnliche Tätigkeiten: Gemeinsame Sprache sprechen, springen, klettern, Gesetze, schmieden, unter der Erde überleben, ...

Tabelle 43: *Wissensgebiete (Fortsetzung)*

Vordrucke

Um die Merkmale der Helden und NSCs festzuhalten oder Landkarten, Grundrisse oder Ähnliches für dein Abenteuer zu skizzieren, kannst du dir eigene Vorlagen entwerfen. Wenn du dir Zeit und Arbeit sparen möchtest, kannst du auch die Vordrucke für Karteikärtchen und Bodenpläne in diesem Buch benutzen.

Für jede dieser Vorlagen ist immer eine neutrale Rückseite vorgesehen, auf welcher Platz für den Namen des Abenteuers oder des jeweiligen Spielers ist. So kannst du die Papiere verdeckt auf dem Tisch liegen lassen, ihren Inhalt vor deinen Mitspielern geheim halten, und trotzdem weiß jeder gleich, wohin oder wem sie gehören, ohne sie vorher umdrehen zu müssen.

Du kannst dir die Vordrucke in diesem Buch beliebig oft kopieren und an deine Mitspieler verteilen. Für den Bodenplan ist es dabei sinnvoll, den Kopierer so einzustellen, dass er die Seite des Buches auf DIN A4 vergrößert.

Oder aber du lädst dir die Vordrucke als praktisches PDF-Dokument von der *Gaudium Ludendi* Homepage herunter und druckst sie dir selber aus, so oft du sie benötigst: *www.gaudiumludendi.de*

Name ____________________

Ludendi
Das kompakte Rollenspielsystem

Rolle ____________________

♀ ♂ ? ________ Jahre

Spezies ____________________

Kultur ____________________

Ludendi
Das kompakte Rollenspielsystem

________ cm

________ kg

Erscheinung ____________________

Persönlichkeit ____________________

Hintergrund

Gaudium Ludendi
Das kompakte Rollenspielsystem

(Beruf, Lebensweise, Lebenslauf, Ziele, Religion, Familie, Freunde)

Beschreibung

Gaudium Ludendi
Das kompakte Rollenspielsystem

Ziele ____________________

________ cm

________ kg

Erscheinung ____________________

Persönlichkeit ____________________

Gaudium Ludendi

Das kompakte Rollenspielsystem

Spieler ____________

Gaudium Ludendi

Das kompakte Rollenspielsystem

Spieler ____________

Gaudium Ludendi

Das kompakte Rollenspielsystem

Spieler ____________

Gaudium Ludendi

Das kompakte Rollenspielsystem

Spieler ____________

Ludendi
Das kompakte Rollenspielsystem
Geld
© Carlos Schramer
Ludendi
Das kompakte Rollenspielsystem
(Fortsetzung)
© Carlos Schramer
Sonstiger Besitz
Gaudium Ludendi
Das kompakte Rollenspielsystem
Geld
Sonstiger Besitz
Gaudium Ludendi
Das kompakte Rollenspielsystem
(Fortsetzung)

Gaudium Ludendi
Das kompakte Rollenspielsystem

Spieler ______________

Gaudium Ludendi
Das kompakte Rollenspielsystem

Spieler ______________

Gaudium Ludendi
Das kompakte Rollenspielsystem

Spieler ______________

Gaudium Ludendi
Das kompakte Rollenspielsystem

Spieler ______________

Ludendi
Das kompakte Rollenspielsystem

Jahre ______ ES$_{tufen}$ ______

	ES	Typ
		K/S

Ludendi
Das kompakte Rollenspielsystem

(Fortsetzung)

	ES	Typ

Besonderheiten

Gaudium Ludendi
Das kompakte Rollenspielsystem

Gesamtwert ______

	Wert	Typ

Besonderheiten

Gaudium Ludendi
Das kompakte Rollenspielsystem

(Fortsetzung)

	Wert	Typ

Gaudium Ludendi

Das kompakte Rollenspielsystem

Spieler ______________

Gaudium Ludendi

Das kompakte Rollenspielsystem

Spieler ______________

Gaudium Ludendi

Das kompakte Rollenspielsystem

Spieler ______________

Gaudium Ludendi

Das kompakte Rollenspielsystem

Spieler ______________

Ludendi
Das kompakte Rollenspielsystem

ES ____

Typisch / Tagtäglich	ES	Ähnlich / Selten	ES

Ludendi
Das kompakte Rollenspielsystem

ES ____

Typisch / Tagtäglich	ES	Ähnlich / Selten	ES

Hauptbeschäftigung

Gaudium Ludendi
Das kompakte Rollenspielsystem

ES ____

Typisch / Tagtäglich	ES	Ähnlich / Selten	ES

Nebenbeschäftigung

Gaudium Ludendi
Das kompakte Rollenspielsystem

ES ____

Typisch / Tagtäglich	ES	Ähnlich / Selten	ES

Gaudium Ludendi
Das kompakte Rollenspielsystem

Spieler ____________

Gaudium Ludendi
Das kompakte Rollenspielsystem

Spieler ____________

Gaudium Ludendi
Das kompakte Rollenspielsystem

Spieler ____________

Gaudium Ludendi
Das kompakte Rollenspielsystem

Spieler ____________

Ludendi
Das kompakte Rollenspielsystem

ES ______

Steuerndes WG ______

Wirkung ______

AR ______ WD ______

Ludendi
Das kompakte Rollenspielsystem

ES ______

Steuerndes WG ______

Wirkung ______

AR ______ WD ______

© Carlos Schramer

Besondere Fähigkeit

Gaudium Ludendi
Das kompakte Rollenspielsystem

ES ______

Steuerndes WG ______

Wirkung ______

AR ______ WD ______

Besondere Fähigkeit

Gaudium Ludendi
Das kompakte Rollenspielsystem

ES ______

Steuerndes WG ______

Wirkung ______

AR ______ WD ______

Gaudium Ludendi

Das kompakte Rollenspielsystem

Spieler ______________

Gaudium Ludendi

Das kompakte Rollenspielsystem

Spieler ______________

Gaudium Ludendi

Das kompakte Rollenspielsystem

Spieler ______________

Gaudium Ludendi

Das kompakte Rollenspielsystem

Spieler ______________

Name

Gaudium Ludendi

Das kompakte Rollenspielsystem

Abenteuer ______________________________

REGISTRIERUNG

Abkürzungen

AA **Aufwändige Aktion:** Aufwändige Tätigkeit, die dein Charakter nicht innerhalb einer einzigen Aktionsrunde abschließen kann

AK **Aktion:** Tätigkeit, die dein Charakter während einer gewissen Zeitspanne ausführt, und die erfolgreich oder nicht erfolgreich sein kann

AR **Aktionsrunde:** Zeitraum, in welchem jeder Charakter einmal die Möglichkeit hat, zu handeln (unabhängig von der zeitlichen Größenordnung der Situation)

AW **Abnutzungswurf:** Erfolgswurf zur Ermittlung der aufgetretenen Abnutzung eines Gegenstands bei regelmäßiger Verwendung

BS **Besonderheit:** Merkmal, welches besondere, häufig angeborene Fähigkeiten/Einschränkungen deines Charakters definiert

EC **Erfolgschance:** Wahrscheinlichkeit, mit welcher dein Charakter seine Tätigkeit erfolgreich ausführt

ES **Erfahrungsstufe:** Wissen und Übung, welche sich dein Charakter innerhalb eines Wissensgebietes angeeignet hat

ESW **Erschöpfungswurf:** Erfolgswurf zur Ermittlung der erlittenen Erschöpfung eines Charakters bei Ausführung einer anstrengenden Aktion

EW **Erfolgswurf:** Würfelwurf zur Ermittlung von Erfolg oder Misserfolg deines Charakters bei der Ausführung einer Aktion

GA **Gleichzeitige Aktion:** Mehrere Tätigkeiten, auf die sich dein Charakter in einer Runde gleichzeitig konzentrieren muss, um sie auszuführen

GK **Größenklasse:** Klassifizierung von Objekten und Charakteren nach deren physikalischer Größe

GT **Glückstreffer:** Sicherer und spektakulärer Erfolg bei der Ausführung eines Erfolgswurfs

HB **Hauptbeschäftigung:** Wissensgebiet, welches die Hauptbeschäftigung deines Charakters beschreibt, normalerweise dessen Beruf bzw. dessen Lebensweise

ID **Ideale Distanz:** Entfernung zum Gegner, für welche die eigene Waffe ohne Malus verwendet werden kann

KA **Koordinierte Aktion:** Gleichzeitig ablaufende Aktionen mehrerer Charaktere, die gezielt zusammenarbeiten, um ein besseres Ergebnis zu erzielen

KM **Kräftemessen:** Gleichzeitig ablaufende Aktionen, mit welchen zwei Parteien versuchen, die Ziele der jeweils anderen zu vereiteln und die eigenen Interessen durchzusetzen

K/S **Kultur/Spezies:** Wissensgebiet, welches die Kultur / Spezies deines Charakters beschreibt

LARP **Live Action Role-Playing Game:** Rollenspielvariante, bei der sich die Spieler als ihre Charaktere verkleiden und in meist durch Veranstalter organisierten Kulissen ihre Abenteuer erleben

MA **Massenaktion:** Gemeinsame Aktion einer ganzen Gruppe von Charakteren, die als eine Einheit handeln

MF **Modifikator:** Anzahl der Prozentpunkte, um welche die Erfolgschance eines Erfolgswurfes abhängig von den Umständen der Situation angepasst wird

MG **Missgeschick:** Sicherer und spektakulärer Misserfolg bei der Ausführung eines Erfolgswurfs

MM **Merkmal:** Einzelner, beliebiger Teil der Beschreibung deines Charakters

NB **Nebenbeschäftigung:** Wissensgebiet, welches eine Nebenbeschäftigung deines Charakters beschreibt, normalerweise ein Hobby bzw. ein Interessengebiet

NSC **Nicht-Spieler-Charakter:** Alle Charaktere, die durch den Spielleiter verkörpert werden

QT **Qualität:** Besonderheit eines Gegenstands, welches ein Maß für die Verarbeitungsqualität angibt

RO **Rolle:** Zusammenfassung der wichtigsten Wissensgebiete, Aspekte und Besonderheiten, die deinen Charakter ausmachen

SC **Spielercharakter:** Charakter, der durch einen Spieler verkörpert wird

TB **Temporäre Besonderheit:** Besonderheit, welche nach einer gewissen Zeit wieder verschwindet

TE **Teilerfolg:** Aktion, bei der das gewünschte Ziel nur zum Teil erreicht wird, aufgrund eines Erfolgswurfes unter **100%**

W% **Prozentwürfel:** Zwei zehnseitige Würfel, die zusammen Zahlen zwischen **0** bis **99** darstellen

W10 **Zehnseitiger Würfel:** Würfel, mit den Zahlen **0** bis **9**

W100 **Hundertseitiger Würfel:** Zwei zehnseitige Würfel, die zusammen Zahlen zwischen **0** bis **99** darstellen

WD **Wirkungsdauer:** Zeitliche Größenordnung nach welcher ein temporäres Merkmal seine Wirkung teilweise oder ganz verliert

WF **Widerstandsfähigkeit:** Modifikator, der die passiven Fähigkeiten eines Charakters repräsentiert, sich dem Einfluss eines Erfolgswurfes zu widersetzen, der sich gegen ihn richtet

WG **Wissensgebiet:** Ansammlung von Fertigkeiten und Themen in einem bestimmten Bereich des Lebens, mit welchen sich dein Charakter auskennt

ZS **Zeitspanne:** Zeitliche Größenordnung für die Dauer eines Ereignisses

Index